KB207088

자유의 불꽃을 목숨으로 피운
윤봉길

자유의 불꽃을 목숨으로 피운 윤봉길

| 김상기 지음 |

일본 도쿄의 야스쿠니신사靖國神社 옆에 유슈칸遊就館이라는 곳이 있다. 청일전쟁과 러일전쟁 그리고 태평양전쟁 등 침략전쟁의 역사를 자랑하고 있는 일종의 전쟁기념관이다. 피해를 입은 아시아인의 입장에서 침략의 역사임에도 그들은 '영광의 역사'로 기리고 있는 것이다. 필자가 2000년도 일본에 체류하고 있을 때, 그곳에서 혈흔이 묻은 군복을 유리관 속에 전시하고 있는 것을 본 적이 있다. 바로 상해의거 때 폭사한 상해파견군 사령관 시라카와 요시노리白川義則 대장의 군복이었다. 윤봉길의사는 그를 대륙 침략의 원흉으로 여겨 처단하였다. 그러나 일본은 그를 전쟁 영웅으로 기리고 있었다.

윤봉길은 상해 홍구공원에서 열린 일본군 전승기념식에서 상해점령의 승리를 외치던 침략의 원흉들에게 폭탄을 던져 침략행위를 응징했다. 그러나 그는 처음부터 독립운동의 길을 가고자 한 것은 아니었다. 그는 농민을 계몽하여 농촌을 부흥시키려 했던 농민운동가였다.

윤봉길은 국운이 기울고 있던 1908년, 만공 선사의 자취가 남아 있는 수덕사 인근 마을에서 태어났다. 윤봉길이 일제의 식민통치하에 있는 민족적 현실을 깨닫게 된 것은 3·1운동을 겪으면서였다. 그는 일본인이 되라는 교육을 하는 학교에는 가지 않겠다고 결심하고 보통학교를 자퇴하고 오치서숙에서 한학을 공부했다. 그는 공동묘지 묘표사건을 접하고 나서 민족의 무지가 나라를 잃게 하였음을 깨닫고 처음에는 농촌계몽운동을 전개하였다. 동아일보와 개벽 잡지를 구독하면서 신학문을 접하였으며, 월진회를 조직하여 문맹퇴치와 농촌의 경제부흥을 위해 헌신하였다. 또한 야학을 개설하여 인간의 평등과 자유정신을 고취하기도 하였다.

그러나 그는 이러한 활동 과정에서 근본적인 문제를 해결할 수 없는 식민지 현실을 절감하였다. 더욱이 전국에 울려 퍼진 광주학생운동은 그로 하여금 민족의 독립을 위한 혁명가의 길을 택하게 하였다. 그는 '장부가 집을 떠나 살아서 돌아오지 않겠다'는 유언을 남기고 사랑하는 가족과 영원한 이별을 고하고 망명의 길을 떠났다. 상해에 도착한 윤봉길은 한인애국단에 가입하여 왜적을 도륙할 것을 맹서하고 침략의 원흉들에게 폭탄을 던졌다.

윤봉길이 농촌계몽운동을 포기하고 혁명가의 길을 택했던 것은 1931년 만주사변 이후 더욱 포악해지는 일제의 무력 앞에 조선의 자주독립을 위해 취할 수밖에 없었던 최선의 선택이었다 할 수 있다. 윤봉길은 한인애국단에 가입하고 태극기 앞에서 백범 김구와 사진을 찍을 때 이미 죽음을 각오하였다. 그래서 그는 가족 사항을 적으면서 '유족'이라고 표기하였다. 그리고 죽을 것을 알면서 비장한 마음으로 폭탄을 들고 홍구공원에 들어갔다.

이러한 그의 행위는 한말 의병들이 가묘에 제사를 올리고 부모처자와 영결하고 집을 떠나 일제 군경에 항전했던 것을 연상시킨다. 그의 독립정신은 의병정신을 계승한 것이다. 그가 죽음을 각오하고 폭탄을 던진 것은 의병들이 목숨을 내놓고 항일전에 뛰어 든 모습과 같다. 윤봉길은 수만 명의 의병들이 정의의 길을 가기 위하여 산화하였듯이, 자신의 행위가 정의를 밝히는 길이며, 민족을 구하는 일이라고 여겨 그 길을 택했던 것이다.

윤봉길은 너무나 잘 알려진 인물이기에 그에 관한 전기류는 아동을 위한 위인전에서부터 평전까지 있다. 이렇게 만용을 부리게 된 것은 최근에 그에 관한 자료들을 집대성한 『매헌윤봉길전집』(전9권) 간행이 큰 동기가 되었다. 이 문집에는 그의 시문을 비롯하여 상해의거와 관련한 일본, 중국, 구미 각국의 신문자료, 유해봉환을 비롯한 현양사업 그리고 농촌계몽운동과 가나자와에서의 순국과 관련한 자료까지 망라되어 있다. 그래서 윤봉길의 삶을 좀 더 재조명해 볼 필요가 있다고 느끼게 되었다.

너무나 많은 자료더미 속에서 지리하게 사실만을 나열한 것은 아닌
지 걱정이 앞선다. 그러나 최대한 자료에 있는 내용을 쓰려고 노력했다.
윤의사가 태어난 덕산은 필자의 고향과 멀지 않는 곳이다. 윤의사가 자
주 오르던 수덕사 위에 만공탑이 있다. 만공탑에는 만공 스님이 해방의
소식을 듣고 무궁화 꽃을 꺾어 '세계일화世界一花'라고 일필휘지한 글씨가
양각으로 새겨져 있다. 대학원 시절 그곳을 오르다가 탁본하던 스님을
도와주고 얻어 온 만공 스님의 글씨는 지금도 필자의 연구실을 지키고
있다.

　　모쪼록 이 책자가 윤봉길의 생애를 사실적으로 이해하고 나아가 그
현재적 의미를 재음미 하는데 조금이라도 도움이 되었으면 한다. 끝으
로 고난과 아픔을 힘들게 이겨낸 윤봉길의사의 후손 여러분께 경의를
표한다.

2013년 8월 유성에서

김 상 기

차례

글을 시작하며 _ 4

1 출생과 수학

덕산 시량리에서 태어나다 _ 12
3 · 1운동과 초등학교 자퇴 _ 16
오치서숙에서 한문을 수학하다 _ 18

2 농촌계몽운동에 나서다

야학을 열다 _ 28
목계농민회와 월진회 조직 _ 39
광주학생운동이 전국에 퍼지다 _ 51

3 망명의 길을 떠나다

장부출가생불환 _ 56
선천경찰서에서 고초를 겪다 _ 69
압록강을 건너 청도로 _ 71

4 상해에서의 생활

　모자공장 직공이 되다_ 78
　한인애국단과 이봉창 의거_ 89
　상해사변을 겪다_ 92

5 상해의거

　상해의거를 자원하다_ 95
　상해의거일 아침_ 108
　수류탄을 던져 왜구를 처단하다 _ 116
　연행되어 가는 윤봉길 _ 120
　도산 선생이 체포되다 _ 129
　김구, '홍구공원의 진상'을 발표하다 _ 132
　남화한인청년연맹의 상해의거 계획 _ 139

6 가나자와로 이송되다

오사카 위수구금소로 이송 _ 142

가나자와 위수구금소로 이송, 순국 _ 147

순국지는 어디에? _ 156

윤봉길의사 순국지 답사기 _ 163

순국추도회 개최 _ 170

7 해방과 현양사업

해방후 기념식 거행 _ 175

유해봉환 _ 179

국민장을 거행하다 _ 186

현양사업 _ 189

일본의 암장지적과 순국비 _ 193

8 상해의거의 역사적 의의

임시정부를 회생시켰다 _ 196
임시정부가 중국 국민당의 지원을 받는 계기 마련 _ 197
한국의 젊은이들을 분기시켰다 _ 199
일제 침략군에 심대한 타격을 주었다 _ 200
만주지역에서 한·중연합투쟁의 계기가 되었다 _ 201
중국인의 한국인에 대한 반감이 풀어졌다 _ 201
중국인에게 항일정신을 심어주는 데 큰 영향을 주었다 _ 202

9 글을 마치며

대한의 혁명가 윤봉길의 거룩한 삶 _ 209

윤봉길의 삶과 자취 _ 214
참고문헌 _ 218
찾아보기 _ 222

01 출생과 수학

윤봉길은 이름도 특이한 섬속의 섬, 도중도島中島라는 마을에서 태어났다. 도중도는 충청남도 예산군 덕산면 시량리에 있다. 이 마을은 한티내와 진작내가 합쳐지는 곳으로 시냇물에 둘러싸여 마치 섬 모양을 하고 있어 도중도라 불렸는데, 내포지역의 진산인 가야산의 정기가 모인 곳이다. 서쪽에 솟아 있는 덕숭산에는 만공 스님의 자취가 남아 있는 수덕사가 자리잡고 있으며, 마을 앞 남쪽으로는 수암산 자락이 펼쳐져 있다. 뒤쪽에는 병풍처럼 펼쳐 있는 장군봉이 기암괴석을 자랑하고 있다.

윤봉길은 파평 윤씨의 시조인 태사공 신달莘達의 31대손으로 판도공파에 해당한다. 판도공 승례承禮는 고려조 공양왕때 판도사版圖司 판서를 지냈다. 윤봉길은 고려조 명장 윤관의 28대손이다. 윤황尹塇과 경주김씨의 큰 아들로 1908년 6월 21일 태어났다. 모친인 김씨 부인은 용처럼 우람하게 생긴 구렁이가 입속으로 들어오는 태몽을 꾸었다 한다. 봉길奉

놈은 별명이고 본명은 우의禹儀이며 자는 용기鏞起이다. 그는 어려서부터 장군감이란 말을 들었다. 또한 살쾡이란 별명이 말해주듯 윤봉길은 어려서부터 총명하고 매우 용감했다.

윤봉길의 집안은 판도공의 손자 형炯이 문과에 급제한 후 세종 때 형조판서, 공조판서, 대사헌 등을 지냈으며 그의 아들 찬贊은 형조 정랑을 지냈다. 14대조 질晊부터는 충북 청원군 북이면 일대로 내려와 집성촌을 이루며 살다가, 6대조 사수仕守때 당진으로 옮겨 살았다. 6대조 사수와 5대조 진鎭의 묘가 당진의 고대면에 있으며, 고조부 영태永泰의 묘도 당진의 송산면에 있다. 덕산의 시량리에 정착하게 된 것은 그의 증조부인 윤재尹梓 때부터이다. 증조부의 묘는 덕산에 모셔져 있다. 증조부는 세 아들을 두었는데, 윤봉길의 조부는 그중에 막내인 윤진영尹振榮이다. 그의 집안이 어느 정도 경제적으로 안정을 찾게 되는 것은 그의 할아버지의 노력 덕분이었다. 조부는 부지런한 농사꾼이었다. 당진의 송악에서 살다가 부친을 따라 시량리로 이사 온 그는 검소하고 근면하였으며 집안을 일으킨다는 일념으로 농사일에 온 힘을 바쳤다. 그가 이주한 시량리의 도중도는 매년 범람하여 버려진 땅이었으나, 치수만 잘하면 옥토가 될 수 있는 곳이었다. 조부는 마을 사람들한테 '땅두더지'라고 불려질 정도로 부지런히 도중도를 비롯하여 인근의 땅을 개간하여 부농이 되었다. 그가 개간한 땅이 논 18,200평, 밭 17,000평, 이외에도 임야 13,000평에 달했다. 윤봉길의 부친인 윤황은 이 중에서 논 6,200평, 밭 4,000평, 임야 1,200평을 물려받았다.

윤봉길이 태어난 1908년 당시는 일제로부터 국권을 거의 빼앗긴 시기였다. 일본은 한국통감부를 설치하고 식민지화정책을 무자비하게 자행하였다. 의기 있는 유학자와 청년들이 풍전등화와 같은 국운을 만회해보고자 의병을 일으켜 일제와의 항전을 감행하였다. 그러나 근대 무기로 무장한 일본군에 수만 명의 의병들이 무참히 학살당하였다. 덕산에서 멀지 않은 정산에 거주하던 최익현崔益鉉 선생은 전라도 태인에서 의병을 일으키고 대마도에 유폐되었다가 순국하였다. 최익현의 유해는 바다를 건너 예산의 광시면 관음리에 모셔졌다. 윤봉길이 태어나기 1년 전의 일이다. 윤봉길이 태어난 해인 1908년 6월 초에는 13도의병을 지휘하던 허위許蔿 의병장이 체포되어 사형당하는 등 많은 의병장들이 일제의 총탄에 순국하였다.

도시에서는 개화지식인들이 일반 민중들과 함께 국채보상운동을 벌였다. 이 운동은 일본에 빌린 국채 1,300만 원을 갚아 재정적인 독립을 이루자는 민중운동이었다. 이 시기는 이미 대한제국이라는 나라는 없어진 것이나 마찬가지였으나, 백성들은 나라의 주인임을 자각하고 몸을 떨치고 일어나 국권회복운동을 벌인 것이다. 그러나 일제는 이 운동의 주도자인 영국인 베델과 대한매일신보사의 총무 양기탁을 있지도 않은 횡령 혐의로 구속하면서 자발적인 한국인의 기금모금 운동마저 탄압하였다.

윤봉길이 돌이 지나 걸음마를 하던 1909년 10월에는 안중근의사가 중국의 하얼빈에서 이토 히로부미를 처단하는 민족적 의거가 있었다. 그리고 3살 때인 1910년 대한제국이 일제에 의해 강제로 병탄하여 한국인은 일본의 식민지인이 되고 말았다. 일제가 한국을 강제로 병합하였

윤봉길이 태어난 광현당

다는 소식을 듣고 금산 군수 홍범식은 관아 뒷산에서, 공주 유생 오강표
는 공주향교 강학루에 올라 목을 매 자결하였다. 그들은 망국을 한탄하
면서 온 민족이 궐기하여 일제를 몰아낼 것을 죽음으로써 부르짖었다.
예산 인근의 홍성에서 의병을 일으켜 여러 차례 옥고를 치렀던 김복한
은 식음을 전폐하고 산속으로 들어가 세상을 등졌다.

　　윤봉길이 네 살 되던 해인 1911년 윤봉길의 집은 도중도에서 다리 하
나 건너 시량리 178호에서 시량리 139호로 이사하였다. 그가 출생한 집
은 1974년 보수하면서 '빛이 나타나는 집'이란 뜻으로 광현당光顯堂으로
이사 한 집은 '한국을 건져낸다'는 뜻으로 저한당狙韓堂이라 하였다.

　　윤봉길은 6살부터 백부가 훈장으로 있던 서당에서 천자문을 수학하

였다. 윤봉길은 어렸을 때 심한 말더듬이였다. 그의 어머니는 아들의 말더듬을 바로잡기 위하여 아들이 천자문을 배우고 오면 밤에 반복하여 발음 지도를 하였다. 어머니 경주 김씨는 친정에서 한글은 물론 천자문과 소학을 배운 학식과 교양을 지닌 여성이었다. 어머니는 장남인 봉길에 대한 기대가 커서 맹모삼천의 심정으로 아들 교육에 정성을 다한 것이다. 윤봉길의 아래로 성의와 남의, 그리고 누이동생들이 있었다. 어머니는 자식들의 뒷바라지에 모든 것을 바쳤다.

3·1운동과 초등학교 자퇴

윤봉길은 11살 되던 1918년 봄에 지금의 덕산초등학교인 덕산공립보통학교에 입학하였다. 이듬해인 1919년 3월 전국적으로 3·1독립운동이 일어났으며, 그 여파가 예산 지역까지 미쳤다. 예산 시내에서의 3·1운동은 다른 지역보다 이른 시기인 3월 3일에 있었다. 덕산 바로 옆 마을인 고덕의 한천시장에서는 4월 3일 1,000여 명의 만세시위가 있었다. 상궁리 출신의 장문환 등이 독립선언서를 제창하고 만세운동을 전개하자 시장에 모인 1,000여 명이 이에 호응하여 만세를 부르면서 행진하였다. 대천에서 파견된 헌병들이 발포하며 해산을 강요하기에 이르렀고 헌병의 발포로 인한수가 현장에서 순국하고 말았다. 한천시장에서의 만세운동은 바로 그 다음 날 윤봉길의 집에서 멀지 않은 덕산 읍내로 번졌다.

4월 4일 최승구崔昇九 등 700여 명은 시장에 나아가 태극기를 흔들면서 만세운동을 벌였다. 헌병대는 최승구를 체포하고 군중을 해산시켰

덕산초등학교에 세워진 윤의사 동상

다. 헌병들이 주도 인물을 체포하자 군중들은 구금자 석방을 요구하며
항의하였다. 최승구는 소위 보안법 위반으로 태형 90대를 선고받고 체
형을 당하였다. 이날 밤에는 덕산면내 여러 지역에서 횃불만세운동이
있었다. 덕산읍내에서 만세운동이 일어나자 일본인 교장 와타나베는 수
업을 중단시키고 학생들을 귀가시켰다. 학교에서 집에 가는 길에 윤봉
길은 덕산읍내에서 마을 어른들이 일본 헌병과 경찰들에 의해 무자비하
게 쓰러지는 장면을 목격하였다.

　그로부터 얼마 지나 윤봉길은 중대한 결심을 하였다. 그는 부모님께

"저는 일본 사람 되라는 학교에는 가지 않겠습니다"라고 말씀드리고 보통학교를 자퇴하였다. 그는 일본인 교장 밑에서 한국인 교사도 자신의 뜻대로 가르치지 못하는 학교에서 더 이상 배울 것이 없다고 생각하였다. 부모님은 배워서 힘을 길러야 한다고 얘기했지만, 어린 윤봉길은 서당에서 배우겠다고 하면서 마음을 바꾸지 않았다. 윤봉길이 1년 동안 공부한 덕산보통학교는 덕산초등학교로 이름이 바뀌었을 뿐 지금도 그 자리에 있다. 교정에는 윤의사의 동상이 세워져 있고, 학교의 역사관 입구에 학교를 빛낸 졸업생으로 사진이 걸려 있다. 또한 강당을 '광현관光顯館'이라 하여 윤봉길의 얼을 본받게 하고 있다.

오치서숙에서 한문을 수학하다

보통학교를 자퇴한 윤봉길은 인근의 최은구가 설립한 서당에 들어가 그의 아들인 최병천, 이택경, 이민덕 등과 함께 한학을 수학하였다. 최은구는 총독부에서 강행한 토지조사사업에 측량보조원으로 따라다니다가 1918년 조사사업이 끝나자 시량리에 서당을 개설하였다. 윤봉길은 최은구로부터 토지조사사업 때 듣고 경험한 바를 자세히 듣고 일제의 토지조사사업이 일제가 우리 땅을 수탈하기 위한 술책에 불과했음을 알게 되었다.

윤봉길은 총독부의 서당규칙령이 발표되면서 최은구의 서당이 폐지되자, 14살 때인 1921년부터는 옆 마을인 둔지미에 성주록 선생이 차린 오치서숙이라는 서당에 들어갔다. 성주록(1876~1963)의 호는 매곡梅谷이

오치서숙 터

며 본관은 창령이다. 1876년 충남 당진에서 태어나 덕산의 둔리 지산 마을에서 살았다. 그는 덕산향교에서 직원을 지낸 유학자이다. 윤봉길은 그의 문하에서 사서삼경을 배우고 한시를 배웠다.

윤봉길은 15살 되던 1922년 3월 22일 자신보다 한 살 위인 성주 배씨 배용순과 혼인하였다. 어머니 친정 근처인 예산군 삽교면 신리 뒷내 마을 출신이다. 친정아버지는 배성선으로 동학에 몸 담았던 이로 알려진다. 1남 2녀 중의 둘째 딸로 태어난 그는 어린 시절부터 밭과 들에 나가 일손을 도와야 했다. 9살 때 모친이 돌아가셨으므로 언니와 함께 가사를 책임져야 했다. 16살 되던 해 봄에 신리에서 20km쯤 떨어진 시량리로 시집온 것이다. 배씨 부인은 남편과의 결혼 생활 8년 동안 아내로서의 도리를 다하였다. 또한 윤의사가 상해로 떠난 후 시부모께 효성하고 아이들을 지성으로 키웠다.

서당에 들어간 윤봉길은 실력이 일취월장하였다. 특히 한시에 특별한 재능을 보여 시회에서 자주 장원을 한 것으로 알려진다. 그는 상해에서 지은 '윤봉길이력'에서 자신이 15살 되던 1922년 7월에 장원한 '학행'이란 한시를 적어 놓았다.

불후의 이름 선비의 기개를 밝히고	不朽聲名士氣明
선비의 기개 밝고 밝아서 영원히 맑네	士氣明明萬古晴
만고의 맑은 마음 모두가 학문에 있으니	萬古晴心都在學
모든 것이 배워 행함에 있으니	
그 이름 영원히 빛나리라	都在學行不朽聲

당시 동문수학했던 이들로는 이강돈, 이민덕, 윤순의, 맹영재, 김유현, 안수근, 이종윤 등이 있다.

"기억력이 뛰어난 점으로 평생을 두고 그런 사람 처음 보았지만, 한시에 능한 것도 그를 당할 사람이 없었고, 글씨 솜씨도 확실히 수준 이상이었습니다."

이민덕이 이렇게 말한 것으로 보아 윤봉길은 재주가 보통 이상이었음에 틀림없다.

윤봉길은 한학을 공부하면서도 한편으로는 신학문을 배우고 싶었다. 그는 돈이 생길 때마다 예산으로 나가 신학문에 관한 책을 사다 보았다.

그는 1920년에 창간된 동아일보나 《개벽》과 같은 잡지를 구해서 보았으며 성경을 읽기도 했다. 《개벽》은 천도교의 기관지로, 편집인이 천도교 이론가인 이돈화李敦化였다. 매호 국판 160쪽 내외의 국한문혼용체로 간행되었다. 평등주의에 입각하여 사회개조와 민족문화의 창달을 표방한 혁신적인 잡지였다. 《개벽》지는 창간호에서부터 일제의 탄압을 받아 압수되었지만 독자들의 호응이 높았다. 그는 《개벽》은 한권도 빼지 않고 읽었다고 한다.

윤봉길은 어느날 《개벽》을 보다가 울음을 터트렸다. 동생 남의의 증언에 의하면, 윤봉길이 눈물을 흘리는 것을 보고 깜짝 놀랐다 한다. 동생한테 눈물을 보인 것이 창피했는지, 문을 열고 밖으로 나갔다. 남의가 형의 책상 위에 있는 것을 보니 이상화가 지은 '빼앗긴 들에도 봄은 오는가'라는 시였다. 남의도 제목을 보는 순간 가슴이 철렁하며 눈물이 나왔다 한다. '지금은 남의 땅 빼앗긴 땅에도 봄은 오는가'로 시작하는 이상화의 이 시는 개벽 1926년 6월호에 실렸으니 윤봉길은 《개벽》지에 실린 이 시를 읽다가 가슴속에 맺힌 한이 복받쳤던 것이리라. 이상화 (1901~1943)는 대구 출신으로, 강렬한 민족의식을 바탕으로 나라를 잃은 우리 민족의 슬픔을 시로 읊은 이로 유명하다. 윤봉길이 고향을 떠나며 지은 '이향시'도 이 시의 영향을 받은 시풍이 엿보인다. 여기에 이상화의 시를 소개하기로 한다.

빼앗긴 들에도 봄은 오는가
지금은 남의 땅 빼앗긴 땅에도 봄은 오는가

나는 온 몸에 햇살을 받고

푸른 하늘 푸른 들이 맞붙은 곳으로

가르마 같은 논길을 따라 꿈속을 가듯 걸어만 간다.

입술을 다문 하늘아, 들아

내 맘에는 내 혼자 온 것 같지를 않구나

네가 끌었느냐, 누가 부르더냐, 답답워라

말을 해다오

바람은 내 귀에 속삭이며

한 자욱도 섰지 마라 옷자락을 흔들고

종다리는 울타리 너머 아씨같이 구름뒤에서 반갑게 웃네

고맙게 잘 자란 보리밭아

간밤 자정이 넘어 내리든 고운 비로

너는 삼단 같은 머리털을 감았구나 내 머리조차 가뿐하다

혼자라도 가쁘게 나가자

마른 논을 안고 도는 착한 도랑이

젖먹이 달래는 노래를 하고 제 혼자 어깨춤만 추고 가네

나비 제비야 깝치지 마라

맨드라미 들마 꽃에도 인사를 해야지

아주까리 기름을 바른 이가 지심매던 그 들이라 다 보고 싶다.

내 손에 호미를 쥐어다오

살진 젖가슴과 같은 부드러운 이 흙을

발목이 시도록 밟어도 보고 좋은 땀조차 흘리고 싶다

강가에 나온 아해같이

짬도 모르고 끝도 없이 닫은 내 혼아

무엇을 찾느냐 어디로 가느냐 웃어웁다 답을 하려무나

나는 온 몸에 풋내를 띠고 푸른 웃음 푸른 설음이 어우러진 사이로

다리를 절며 하루를 걷는다, 아마도 봄 신령이 지폈나 보다

그러나 지금은 들을 빼앗겨 봄조차 빼앗기겠네

이처럼 윤봉길은 유교 경전에서 선비로서의 떳떳함을 배웠다면, 개벽 잡지를 보면서 새로운 사조에 눈 떴으며, 민족의식과 억압에 항거하는 저항정신을 깨우쳤다.

윤봉길은 또한 머리맡에 '명현록'이나 '국조명신록'같은 역사 책을 놓고 손때가 묻도록 읽었다. 국조명신록은 조선시대 태조부터 인조 때까지의 명신 390인의 행적을 모은 책이다. 이 책들 역시 그의 인생관 형성에 큰 영향을 주었다. 그는 야학당에서 경찰의 감시를 피하여 수시로 이 책들에 들어 있는 우리의 역사를 강의하여 학생들에게 민족의식을 심어 주었다.

윤봉길은 16살이 되던 해에는 『일어속성독본』이란 책을 사다가 일어를 자습하였다. 주위에서는 모두 의아해 하면서 반대하였다. 그러나 그는 '적국인 일본을 알기 위해서는 그들의 말을 배워야 한다'고 생각하였다. 1년 동안 열심히 한 결과 회화가 가능한 수준이 되었다. 그가 이때 일본어를 공부한 결과 후일 청도에서 일본인이 운영하는 세탁소에 취직할 수 있었으며, 상해의거 시에는 일본인 복장으로 일본인 행세를 하며

수덕사의 만공탑

입장할 수 있었다.

　윤봉길은 오치서숙을 다니면서도 근처에 있는 수덕사를 자주 찾았다. 당시 수덕사에는 만공 스님이 주지로 있었다. 만공滿空(1871~1946)스님 은 경허스님의 제자로 이 시기 대표적인 선사이다. 그는 항일정신이 투 철하여 조선총독부의 불교정책을 비판했던 이로 유명하다. 1937년 만 공스님이 마곡사麻谷寺 주지를 지낼 때 조선총독부 회의실에서 조선 31 본산 주지회의가 열렸는데 총독부가 조선불교의 일본 불교화를 주장하 자 이에 호통을 치며 공박하였다. 주로 덕숭산에 머물며 선불교의 진흥 을 위해 힘썼다. 윤봉길은 청년시절에 만공 스님을 찾아가 가르침을 받 고자 했던 것으로 보인다.

이처럼 항일 기질이 있던 만공 스님은 일제가 패망하고 우리가 해방되자 '세계일화' 사상을 펼쳤다. 해방된 다음 날의 일화가 전해진다. 해방이 되었다는 소식에 덕숭산에 머물던 제자들이 만공 스님을 찾아와 이 기쁨을 함께 나눴다. 이때 만공 스님은 상좌한테 무궁화 꽃 한 송이를 가져오라 일렀다. 상좌가 그것을 가져오자, 스님은 무궁화 꽃을 붓 삼아 '世界一花'라 썼다. 그리고는 제자들에게 이런 얘기를 했다.

"온 세상은 한 송이 꽃이다. 너와 내가 하나요, 만물중생이 다 한 몸이요, 세계만방 모든 나라가 하나다. 이 세상 삼라만상이 한 송이 꽃이니라. 머지않은 장래에 우리 조선 땅이 세계일화의 중심이 된다."

만공 스님의 세계일화에 대한 법문을 소개하기로 한다.

만공스님의 '세계일화' 법문

세계는 한 송이 꽃이다.

너와 내가 둘이 아니요, 산천초목이 둘이 아니요,

이 나라 저 나라가 둘이 아니요,

이 세상 모든 것이 한 송이 꽃이다.

어리석은 자들은 온 세상이 한 송이 꽃인 줄을 모르고 있어.

그래서 나와 너를 구분하고, 내 것과 네 것을 분별하고,

적과 동지를 구별하고, 다투고 빼앗고, 죽이고 있다.

허나 지혜로운 눈으로 세상을 보아라.

흙이 있어야 풀이 있고, 풀이 있어야 짐승이 있고,

네가 있어야 내가 있고, 내가 있어야 네가 있는 법

남편이 있어야 아내가 있고, 아내가 있어야 남편이 있고,

부모가 있어야 자식이 있고, 자식이 있어야 부모가 있는 법

남편이 편해야 아내가 편하고, 아내가 편해야 남편이 편한 법

남편과 아내도 한 송이 꽃이요,

부모와 자식도 한 송이 꽃이요,

이웃과 이웃도 한 송이 꽃이요,

나라와 나라도 한 송이 꽃이거늘,

이 세상 모든 것이 한 송이 꽃이라는

이 생각을 바로 지니면 세상은 편한 것이요,

세상은 한 송이 꽃이 아니라고 그릇되게 생각하면

세상은 늘 시비하고 다투고 피 흘리고

빼앗고 죽이는 아수라장이 될 것이니라.

그래서 세계일화世界一花의 참 뜻을 펴려면

지렁이 한 마리도 부처로 보고, 참새 한 마리도 부처로 보고,

심지어 저 미웠던 원수들마저도 부처로 봐야 할 것이요,

다른 교를 믿는 사람들도 부처로 봐야 할 것이니,

그리하면 세상 모두가 편안할 것이니라.

　　윤봉길의 일기장에 불기 연호가 나오는 것을 보면 그가 불교에도 심취했음을 짐작할 수 있다. 또한 그가 체포된 후 받은 신문조서에서 피고인의 종교는 무엇이냐고 묻자 "특별히 종교라고 할 정도는 아니지만 대체로 불교라고 생각한다"라고 하여 불교를 어느 정도 신봉하고 있었음

을 알게 한다.

성주록은 윤봉길이 18살 나이가 되었을 때 자신이 더 가르칠 것이 없다고 생각했다. 윤봉길이 언제 오치서숙을 나왔는지 확인하기 어렵다. 윤남의는 『윤봉길일대기』에서 "형님의 나이 열아홉에 접어든 어느 날 오치서숙을 나왔다"고 하여 지금까지 19세에 나온 것으로 알려져 있다. 그런데 부인인 배용순 여사는 「영원한 남편 윤의사」에서 "오치서숙에서 배움의 길을 닦던 시절 4년은 가막고개가 있는 서당에 가서 숙식까지 하는 관계로 이따금 옷을 갈아입으러 오는 그를 맞이할 수 있을 뿐이었고, 농촌부흥운동에 몸을 던지고 나서의 4년은 밤마다 야학에서 사람들을 가르치고"라고 하여 4년간 서당에서 숙식을 하면서 공부했다고 한다. 4년간이면 18세 때인 1925년에 수료한 것으로 보인다. 실제로 윤봉길은 경서를 다 배워 한시를 짓는 데도 상당한 경지에 이르렀다. 그렇지만 윤봉길은 계속 가르쳐줄 것을 청하였다. 그러나 스승은 윤봉길에게 자신의 호인 매곡의 매梅자와 성삼문의 호인 매죽헌에서 헌軒자를 따서 '매헌梅軒'이란 호를 지어 졸업 선물로 주었다. 한 겨울 추위를 잘 견뎌내는 매화의 고고한 기풍과 성삼문의 충의정신을 본받으라는 뜻이었다. 윤봉길은 기쁜 마음으로 스승의 뜻을 가슴에 새겼다.

02 농촌계몽운동에 나서다

야학을 열다

윤봉길은 오치서숙을 나오기 전후인 17, 8세 때에 사랑방에 서당을 차리고 7, 8세 아동들을 가르치는 훈장 노릇을 하였다. 주위 부형들과 이웃 마을 선생들의 권고도 있고, 또 자신이 오치서숙을 나와 딱히 할 일이 없었다. 이때 그의 가르침을 받은 이로 이규남의 아들 이대선과 그 외척되는 김주영이 알려진다. 동생 윤남의(1916~2003)도 그 중의 한 명이었는데, 형님한테 한글과 천자문을 배웠다는 것으로 보아 윤봉길은 아동들에게 천자문만이 아니라 한글도 가르쳤던 것으로 보인다. 그는 이 사실을 '17세에는 개도 아니 먹는 똥을 누는 사람이 되었다'라고 '자필이력서'에서 적고 있다. 자필이력서에 의하면 18세까지 2년간 했다고 한다.

윤봉길은 19살이던 1926년 가을 친구들과 함께 야학당을 개설하였다. 그가 야학을 개설한 것은 오치서숙에서 수학할 때 겪었던 공동묘지 묘표사건이 직접적인 계기가 되었다. 윤봉길이 서당에서 공부하던 어느 날 공동묘지 쪽에서 나무로 된 묘표를 한 아름 든 낯선 젊은 이가 찾아왔다. 자기 아버지의 이름을 찾아 달라는 것이었다.

"선친 함자가 어떻게 되시오?"

"우리 아버지 이름은 김선득이라고 합니다."

윤봉길은 그 이름이 적힌 나무 팻말을 어렵지 않게 찾아냈다.

"본관이 김해 김씨이시오?"

청년은 그렇다면서 자신의 아버지 묘표를 찾은 것을 마치 돌아가신 아버지가 살아온 듯이 기뻐했다.

"그런데 혹시 이 팻말을 뽑은 자리에 무슨 표시라도 했소?"

라고 묻자 이 청년은 멍청하게 팻말을 바라만 볼 뿐이었다.

"그렇다면 당신 선친의 묘표는 찾았지만 산소는 어떻게 찾으려 하시오!."

이 청년은 자신의 아버지 무덤은커녕 다른 무덤의 주인도 구별하지 못하게 한 것이다. 윤봉길이 이때 받았던 충격이 컸던 것이다.

윤봉길은 공동묘지의 묘표사건을 겪고 나서 총독부의 철권통치보다도 무서운 것이 '무지'라는 사실을 깨달았다. 당시 농촌계몽운동의 일환으로 야학운동이 전국적으로 전개되고 있었다. 야학운동은 농민과 노동자들에게 문자를 보급하고 나아가 신학문을 교육하는 실력배양운동으로 퍼져 나갔다. 윤봉길은 마을 어른들과 상의하여 세 칸 강당을 세웠다. 자신의 사랑방에 서당을 차리고 아이들에게 천자문을 가르치던 그가 이때부터는 나이를 불문하고 이름자도 못쓰는 아동과 어른들에게 한

공동묘지 묘표사건 기록화

글과 신학문을 가르치는 야학운동을 시작하였다. 그와 뜻을 함께 한 친구로 오치서숙과 덕산보통학교에서 동문수학하던 이민덕, 정종갑, 황종진, 이규남, 이태경, 이정로, 윤명의, 윤순의 등이 있었다. 야학을 열고 윤봉길은 학생들에게 다음과 같이 연설하였다.

"우리는 모두가 농민입니다. 우리는 가난하고 또 무식합니다. 이 가난과 무식이 '공적公敵'입니다. 이 적을 실력으로 쳐부숩시다. 우리는 배워야 합니다. 우리의 형편과 처지를 한탄만 하지 말고 스스로의 길을 헤쳐 나가야 할 때가 왔습니다. 낮이면 들에 나가 저마다 일에 열중하고 저녁이면 여기에 와서 밤 늦도록 공부를 합시다. 배워서 힘을 기르고, 살기 좋은 마을을 꾸며야 합니다. 여러분, 한 사람도 빠짐없이 배움의 대열에 나서야 할 때입니다”.

야학에 공부하러 오는 이들이 처음에는 몇 명 없었다. 낮에 농사 일을 하고 저녁에 공부하는 것이 쉽지 않았던 것이다. 또 여학생은 거의 없었다. 윤봉길은 친구들과 온 마을을 돌며 야학에 나올 것을 권유하자 그제야 마을 사람들이 하나 둘씩 늘어나기 시작하였다.

윤봉길과 상해에서 함께 기거했던 김광(1909~1944)이라는 독립운동가가 쓴 『윤봉길전』에 의하면, 야학을 개설한 지 며칠 안 되어 학생이 40여 명에 달했으며, 연령과 정도에 따라서 반을 나누어 교육했다 한다.

김광은 황해도 해주 사람으로 중국 성도사범학교를 졸업하고 상해에서 윤봉길과 1년여 침식을 같이 했던 인물이다. 그가 쓴 ‘자서’에 『윤봉길전』의 작성 경위를 알려주고 있다.

저자는 과거에 윤봉길의사를 매우 잘 아는 벗이었다. 윤 의사는 상해에서 의거를 행하기 전에 1년여 동안 나와 침식을 같이 하였다. 이렇게 함께 거주하는 기간 동안 서로 간에 사소한 일로부터 가슴 속의 깊은 뜻 까지도 흉금을 터놓고 이야기하였다. 그러므로 저자는 윤 열사의 상세한 정황을 모두 잘 알고 있다. 윤 의사의 거사 이후 윤의사의 일기 및 잡록 몇 권을 얻어 1년이 넘는 기간 소비해서야 비로소 이 책을 완성하게 되었다.

김광은 임시정부에서 활동하였으며, 1940년 한국광복군이 조직되자 총사령부 정훈처 선전과장 등을 맡아 활동하였다. 그는 이러한 공적을 정부로부터 인정받아 1995년 애국장을 추서받은 독립운동가이다.

야학에서는 갑, 을 두 개 반으로 나누어 갑반은 한글을 가르치고, 을
반은 역사와 지리, 산술, 과학, 일어 그리고 농사지식을 가르쳤다. 그런
데 얼마 안가 역사와 지리 수업은 일본 경찰의 단속으로 폐지되었다. 윤
봉길은 역사를 강의할 수 없게 된 것을 분개하였다. 그러나 그는 이를
탄식만 하지는 않았다. 당국의 감시를 피하여 한국의 역사를 교육하는
기발한 방법을 찾았다. 그는 한국어 시간에 우리의 역사를 교육한 것이
다. 단속을 피하기 위하여 한국어 교과서 속의 글을 몇 개 골라서 칠판
에 써 놓고 강의는 한국의 고대사와 위인의 전기 등을 가르쳤다.

그가 야학 중에 강의한 내용이 김광의 『윤봉길전』에 자세히 적혀 있
다. 그는 강의 중에 일본을 '일본제국주의 악마' 또는 '일본 야수'라고 표
현할 정도로 야학을 할 때부터 일제에 대하여 불타는 적개심을 가지고
있었다. 그는 일제가 우리의 생명을 멋대로 찢어발기고 있으며, 우리의
생명을 삼켜 마음대로 그들의 발굽 아래 짓밟고 착취하고 있다면서 조
선의 식민지 현실을 한탄하였다.

그는 이러한 처참한 현실을 참을 수 있느냐 면서 '피 끓는 청년'이 나
서서 구할 것을 호소하였다. 그는 학생들에게 일제에 맨손으로라도 저
항할 것을 주장하였다.

한국인 남아들이여, 피 끓는 청년들이여, 어서 꿈속에서 깨어나십시오.
일어나서 동방에 해가 뜰 때 무기를 들고 적과 싸울 준비를 합시다. (중략)
사랑하는 여러분, 우리는 재빨리 이런 악한 환경을 타파하여 횃불을 들
고 일본 적에게 역공을 가하여 우리의 강산을 탈환하고 우리의 자유를 회

복하여 우리의 빛난 태극기를 다시 찬란한 햇살 속에 높이 휘날리게 합
시다.

또한 일제로부터 독립을 쟁취하여 자유를 회복할 것을 주장하였다.

윤봉길의 교육 방식은 상당히 엄했다. 자기보다 나이가 많은 이들에
게도 아낌없이 쓴소리를 했다. 부인과 동생들도 야학에 나오게 하여 가
르쳤는데, 성격이 불같아서 여동생들도 많이 혼났다고 한다. 그런데 부
인에게만은 관대하여 여동생들한테 불공평하다는 말을 듣기도 했다고
한다. 동생인 윤남의에게는 별도로 한문을 가르쳤다. 그가 친필로 옮겨
적은 『명심보감』이 남아 있어 현재 보물 568호로 지정되어 있다.

또한 그는 3절로 된 시량리가를 지었다. 그는 이 노래를 학생들에게
윤극영이 지은 '반달'이란 노래의 곡조에 맞춰 부르게 하였다. '시량리
가'를 '월진회가'라고 한 자료도 있으나, 윤봉길의 자필이력서에는 시량
리가라고 밝히고 있다.

시량리가

1. 조화신공의 가야산의 정기를 받고
   절승경개 수덕산의 정기를 모아
   금수강산 삼천리 무궁화원에
   기리기리 빛을 내는 우리 월진회
2. 가야산은 우리의 배경이고
   온천들은 우리의 무대장이다.

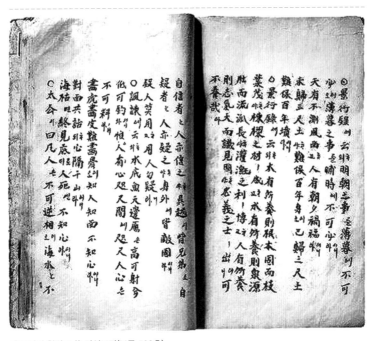

윤봉길이 친필로 쓴 명심보감(보물 568호)

두팔 걷고 두발 벗고 출연하여서

어서 바삐 자작 자급 실현을 하자

3. 암흑동천東天 계명성이 돌아오나니

약육강식 잔인성을 내어 버리고

상조상애 넉자를 철안鐵案에 삼아서

굳세게 단결하자 우리 시량리

윤봉길은 야학이 자리를 잡아가자 학생들을 가르칠 교재를 직접 쓰기

로 하였다. 그는 야학의 교재로 『농민독본』3권을 만들었는데 조선농민
사에서 만든 『조선농민』이란 책을 참고하였다. 이 잡지는 천도교 계통
인 이돈화와 이성환이 발행한 농민잡지로, 농민 해방과 농촌의 경제를
구제하기 위한 기초를 세우기 위해 농민의 지식을 각성시키는데 그 취
지가 있었다.

윤봉길의 『농민독본』3권에는 농촌계몽운동을 통하여 나라를 되찾자
는 내용도 담겨 있다.

제1권은 '조선글편'으로 최근 그 중에 일부가 발견되었다. '소리의 갈
래', '훈민정음', '용비어천가', '조선글 맞춤법' 등이 들어 있다. 이 글들
은 그동안에는 제3권의 앞 부분에 들어 있어 제3권의 일부로 분류해 왔
으나, 2012년 『매헌윤봉길전집』 출간을 준비하는 과정에서 제1권의 일
부로 확인되었다.

제2권 '계몽편'은 민중을 깨우치기 위한 내용으로, 조선 청년이 가져
야 할 마음 자세를 적었다. 제1과 '인사투'에서는 새해, 회갑, 초상 때
의 인사말을 예시하고 있다. 제2과 '격언'에서는 흔히 사용하는 격언과
속담 중에서 농촌생활에서 요긴하게 쓰일 수 있는 12개를 소개하였다.
제3과 '편지'에서는 실생활의 교양과 정서를 나타내주는 편지의 예시문
을 적었다. 제4과 '영웅의 야심'에서는 조선의 청년들에게 세계를 정복
하려는 야심을 품은 마케토니아 왕 필립의 아들 알렉산더의 기상을 본
받자고 하면서도 그 야심이 인도적이 아님을 경계하도록 하였다. 제5과
'낙심 말라'에서 청년들에게 실망하지 말고 강개한 마음으로 희망찬 새
로운 사회를 건설할 것으로 주장하였다. 제6과 '백두산'에서는 백두산

이 추운 바람을 막아주는 우리의 정신적 지주임을 말하고 있다. 또한 백두산의 장엄함을 읊으면서 조선이 결코 약소한 민족이 아님을 역설하였다.

백두산은 우리나라 북쪽에 있는 산인데 우리나라와 중국의 경계가 되고 우리나라에서는 제일 높기로 유명한 산이다. 삼천리 반도 안에 생존하여 있는 이천만 동포의 한숨과 눈물과 번민과 고통 그 모든 잔인한 상태를 세세히 살피어 동정하는 듯이 북쪽에 우뚝 솟아 설한풍을 막아주는 줄기줄기 활기 있게 뻗친 건장하고 장엄한 백두산.
아, 너의 원한은 무엇이기에 끊임없는 눈물은 흘러서 이역만리 압록강으로 흐르느냐. 백두산아 너무 낙루치 마라. 그다지 약소한 우리 조선이 아니다.

학생들에게 이천만 동포의 고통의 참상을 가슴속에 깊이 새기게 하면서, 슬퍼하지 말고 힘을 길러 이를 이겨낼 것을 호소하고 있다. 제7과 '조선지도'에서는 전국 13도의 이름을 지도에 적어 조국 강산을 잊지 않도록 하였다. 제8과 '기경한 현대'에서는 현대 사회에서는 과학기술이 필요함을 역설하였다.
제3권 '농민의 앞길편'에서는 자주정신과 평등 사상을 강조하였다. 농민도 양반과 같이 자유로운 사람이라고 인간의 평등을 강조하였다. 또한 농민이 가져야 할 공동정신과 농민이 중심이 되는 나라 건설 등을 제시하고 있다. 제1과는 농민과 노동자, 제2과는 양반과 농민, 제3과는

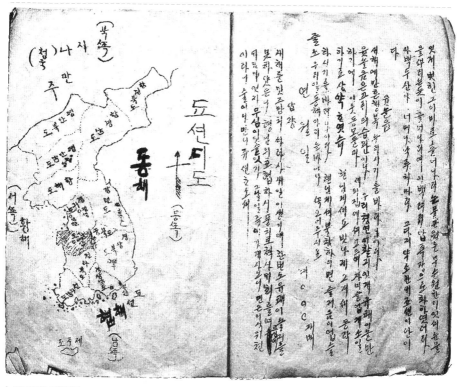

농민독본의 조선지도

자유, 제4과는 농민, 제5과는 소금과 사탕, 제6과는 농민과 공동정신, 제7과는 링컨의 고학이다. 이 제3권은 이성환의 『농민독본』중권과 이성환의 『조선농민』 창간호(1925년 12월호), 그리고 이성환의 『현대농민독본』 등에 발표한 글을 활용하여 작성하였다. 제3과 '자유'의 일부를 소개하기로 한다.

인생은 자유의 세상을 찾는다.

사람에게는 천부의 자유가 있다.

머리에 돌이 눌리우고 목에 쇠사슬이 걸린 사람은 자유를 잃은 사람이다.

자유의 세상은 우리가 찾는다.

자유의 생각은 귀하다.

나에 대한 생각, 민중에 대한 생각

개인의 자유는 민중의 자유에서 나아진다.

사람은 하늘이 부여한 자유를 찾는 존재임을 밝혔다. 그는 이 글에서 머리에 돌이 눌리고 목에 쇠사슬이 걸린 자유를 잃은 상태를 벗어나야 한다고 주장하고 있다. 또한 자유는 바로 우리 자신이 찾아야 하며 개인의 자유는 민중의 노력으로 더욱 자유로워질 수 있음을 피력하였다. 이와 같이 윤봉길은 야학운동을 통하여 농민들에게 한글만 가르친 것이 아니라 인간의 평등과 자유정신을 고취하였다. 또한 자유는 누구에 의해 주어지는 것이 아니라 스스로 쟁취하는 것이라고 하여 개인의 자각을 역설했다.

제6과 '농민과 공동정신'에서는 "독립정신이 조선을 살리는 원동력인 것과 같이 농민의 공동정신이 또한 조선을 살리는 긴요한 하나"라면서 공동 정신을 강조하고 있다. 전문을 소개하면 다음과 같다.

독립적 정신이 조선을 살리는 원동력인 것과 같이 농민의 공동정신이 또한 조선을 살리는 긴요한 하나입니다. 독불장군이라는 말과 같이 한 사람의 힘으로는 아무렇게 하여도 이기기 어려운 일을 여러 사람이 공동으로 하면 넉넉히 이기는 것입니다. 천가지 만가지 낡고 물들고 더럽고 못생긴 것을 무찔러 버리고 새롭고 순수하고 깨끗하고 아름다운 것으로 만들어 놓지 않으면 안될 조선에 있어서 또 더욱 남달리 가진 힘이 미약한 조선의 농민으로서도 무엇보다도 경우와 이해를 같이하는 사람끼리 일치공동의 필요를 절실히 느낍니다.

윤봉길은 농촌계몽운동을 펼치면서 농민이 주인 되는 세상을 기대했다. 그는 『농민독본』에서 조선에서 주인인 농민이 주인 대접을 못 받고 굶주리고 헐벗고 가난하게 살아왔다고 보았다. 그는 주인이 못살면 다른 사람도 못 사는 법이라면서 모든 힘을 농민에게 돌려야 한다고 가르쳤다. 그는 이어서 '농사는 천하의 대본'이라는 말이 결코 옛말이 아니라면서, 이 말은 억만 년을 가더라도 변할 수 없는 '대진리'라고 하였다. 그는 언젠가 한국이 상공업 국가가 되어 농업이 자취를 잃더라도 농사는 '생명의 창고'라고 보았다. 또한 그 창고의 열쇠는 농민이 가지고 있다면서 농민의 세상은 무궁무진하다고 하였다.

목계농민회와 월진회 조직

윤봉길은 야학을 운영하면서 한편으로 농민의 경제 자립을 위하여 농민회를 조직하는 등 농촌부흥운동을 펼쳤다. 처음에 시작한 것이 목계沐溪농민회로 1927년 3월에 조직되었다. 목계란 가야산에서 발원하여 남연군 묘 옆을 지나 덕산으로 흘러 내려오는 시내를 말한다.

목계농민회에서는 두레 정신을 바탕으로 한 공생공동체 건설을 목표로 하였다. 이에 따라 실천 목표를 내세웠는데, 첫째는 증산운동이었다. 농업 방법을 개선하고 특용작물을 재배하여 생산량을 늘리자는 것이었다. 이에 따라 고구마의 재배법을 개선하고 양잠 및 부업을 권장하여 농가의 소득을 증대시켰다. 또한 부업 장려 방안의 하나로 축산을 적극 권장했다. 이때 수내제도라고 하는 특별한 방식을 이용하였다.

수내제도란 돈이 없어 돼지를 살 수 없는 농민에게 돼지를 사주고 기르게 하여 새끼를 낳으면 그 절반은 기른 농민에게 주고 나머지 절반은 또 다시 다른 농민에게 한 마리씩 주는 제도를 말한다. 처음엔 미심적어 하던 일부 마을 사람들도 곧 앞 다퉈 회원 등록을 서둘렀다. 돼지를 키우고 싶어도 목돈이 없어 애간장만 태우던 사람들로서는 대단히 좋은 기회였기 때문이었다. 윤봉길은 서울에 있는 친지들을 통해 축산에 관한 전문 서적들을 구입해 탐독하는 등, 말 그대로 주경야독의 모습으로 농민회를 이끌었다.

둘째는 마을의 공동구매조합을 만드는 것이었다. 이는 농산물을 공동 판매하여 비싼 값을 받고, 일용품이나 비료 등을 공동으로 싸게 구매하자는 것이었다. 이와 같은 목계농민회의 농민운동은 후일 월진회의 설립으로 발전되었다. 목계농민회의 농민운동은 우리나라 근대 농업협동조합운동의 효시로 평가할 수 있다.

그는 또한 농촌을 부흥시키는 방안으로 공동정신과 단합을 강조하였다. 그는 내 한 몸을 잘 살게 하기 위해서는 내 사는 농촌을 바로잡아야 하고 내 사는 농촌을 바로잡기 위해서는 마을에 있는 사람들의 단합이 이루어져야 한다면서 서로 단합할 것을 요구하였다.

윤봉길은 1929년 2월 22일(양)에는 시량리 이태경의 집에서 정종갑 등과 함께 위친계爲親稧를 조직하였다. 위친계취지서에는 발기인으로 그를 비롯하여 "정종갑, 윤순의, 이태경, 황복성, 이산옥"의 6명이 기록되어 있다. 그 내용을 살펴보면, 효와 상례喪禮를 극진히 하는 데에 목적이 있음을 밝혔다.

사람이 이 세상에 나서 어버이 봉양과 장사지내기를 진심으로 극진히 해야 자식된 도리를 다했다 할 수 있을 것이요, 예의란 것은 물질이 따르지 않으면 성립할 수 없다.

이에 따라 연로한 부모를 둔 사람들이 매달 또는 계절마다 회비를 내어 어버이의 생신, 회갑 등 경사스런 날이나 어버이 신상에 큰 일이 닥쳤을 때에 대비하고자 하였다. 「기사년일기」 1929년 2월 22일자에 의하면, 윤봉길이 서기를 맡아 장부를 정리하였는데, 출자금으로 5원씩을 내게 하였다. 윤봉길을 비롯한 청년들이 대부분 이 위친계에 가입하였으니 마을 어른들은 이들의 뜻을 가상히 여겼다.

1929년 3월에 부흥원 건물이 완공되었다. 그리고 완공 기념으로 3월 28일에 야학생들이 학예회를 개최하였는데 「기사년일기」를 보면, '야학 아동 학예회를 개최한 바 내빈이 다수 왕림하여 칭찬을 아끼지 않았다'라고 적혀 있다.

이날 학예회는 '토끼와 여우'라는 이솝 우화를 각색한 것이다. 연약한 거북이와 토끼가 자신들의 먹이를 여우에게 빼앗기는 내용을 잘 묘사하였다. 울창한 숲속에서 토끼와 거북이가 빵 조각을 나눠 먹으려 한다. 그때 여우 한 마리가 뛰어 나와 교활한 웃음을 지으며 "그 빵을 이리 내라. 내가 똑같이 반씩 나눠줄테니"라면서 빵을 빼앗는다. 그리고 빵을 두 조각을 내고 나서 한쪽 빵이 더 크다면서 손에 든 빵을 물어뜯어 먹는다. 그리고 다시 이번에는 다른 쪽의 빵이 크다면서 그 빵을 다시 베어 먹는다. 그렇게 몇 번 양손에 든 빵을 번갈아 먹더니 어느새 양쪽 빵이 모두 없어지고 말았다. 욕심 많은 여우는 간사한 웃음을 지으면서 사라지고 거북이와 토끼는 멍하니 서로를 바라보며 학예회는 막을 내렸다. 교활한 여우는 왜놈을 비유한 것이요, 거북이와 토끼는 힘없는 한국의 운명을 비유한 것이었다.

그런데 윤봉길은 다음 날 이 일로 덕산주재소에 불려갔다. 불려간 이유는 여우를 일제에 비유했다는 것이었다. 윤봉길은 단순한 아이들의 촌극이었다고 변명하였다. 그는 순사의 경고와 훈계를 받고 풀려났지만, 이 일을 겪고 나서 식민지 백성으로 살기 힘든 현실을 새삼 깨달았으며, 농민의 계몽운동이 성공하려면 민족의 독립이 선행되어야 한다는 것을 뼈저리게 느꼈다.

윤봉길은 1929년 4월 3일 농민회원과 야학생들과 함께 산림녹화사업의 일환으로 식목 행사를 했다. 이는 마을의 목돈을 마련하기 위한 장기적인 계획이었다. 목계 냇가에 회원 1인 당 50주씩 부담해 포플러 6,000주를 심고, 또 농민의 생활 향상을 위한 유실수 재배 사업을 벌여

산에는 1,000주의 밤나무를 심었다.

윤봉길은 1929년 4월 23일(음력 3월 14일) 부흥원에서 월진회月進會를 조직하고 회장에 추대되었다. 월진회란 명칭은 날로 나아가고 달마다 전진하자는 의미이다. 사무소는 시량리에 건립한 부흥원에 두었다. 월진회 규칙 제3조에서 '본회의 회원은 상조상애相助相愛를 뜻으로 하고 근검절약을 이행하야 생활의 안정을 도모하고 모두히 양풍미속에 함양함으로 목적홈'이라고 '상애상조' '근검절약' 그리고 '양풍미속 함양'에 목적이

농민운동 기록화(이종상)

있음을 밝히고 있다. 그는 「월진회취지서」에서 생존경쟁의 시대인 지금 '자급자족'할 것과 스스로 운명을 개척할 것을 강조하였다.

우리는 자작자급自作自給에 힘을 써서 나의 앞날을 내가 이행하며 나의 운명을 내가 개척치 아니하면 불가한 것은 삼척동자도 모두 아는 바이다. 근면은 값으로 메길 수 없는 보배요, 하늘도 힘써 일하는 자를 가난하게 할 수 없다고 하였으니 근검하면 될 것은 자연의 이치요, 봄에 경작하지 않으면 가을에 거두기를 바랄 수 없다고 하였으니, 노후에 안락을 누리려면 어릴 적에 근검 저축은 당연한 이치요 하지 않아서는 안된다.

이어서 그는 "근검은 최고의 보배요, 하늘은 일하는 사람을 궁하게 할 수 없다"라고 하면서 노후의 안락을 위하여 젊어서 '근검 저축'할 것을 주문하였다.

월진회 이사에는 정종갑鄭鍾甲, 정종호鄭鍾浩, 고문에는 윤창의尹昌儀 등이 선임되었다. 정종호(1911~1979)는 예산공립농업학교 2학년생이었다. 그는 1928년 예산공립농업학교에 들어가 강봉주 한정희 등과 독서회를 결성하고 항일반제투쟁에 관한 서적을 윤독, 토론하는 활동을 하였다. 1932년 고향 선배인 윤봉길의 상해의거에 자극을 받아 그해 5월에 박희남 등의 독서회와 통합하여 좌익협의회를 조직하였다. 좌익협의회에서는 1932년 6월 학교의 무리한 동원령에 반발하여 '노력동원의 부당성'과 '일본어 과목을 국어로 표기하는 반민족적 처사', '한인 학생의 차별 개선', '한인 교사의 확대' 등을 내걸고 동맹휴학을 주도하였다. 정종호와 박희남 등은 그해 9월에 조직을 재건하고 예산학생동맹을 조직하였다. 1932년 11월에는 일제의 관제 연극단인 만경좌萬鏡座가 예산 시장에서 일제가 만주의 마적으로부터 재만 한인을 보호한다는 '동방의 빛'이라는 연극을 공연하는 일이 생겼다. 그러자 정종호 등 회원들은 이 연극이 한국인의 민족의식을 말살하는 것이라고 규정하고 극단에 공연 중단을 요구하고 공연 거부운동을 벌였다. 이 일로 정종호와 박희남 등은 12월 27일에 체포되어 1933년 3월 공주지방법원에서 소위 치안유지법 위반으로 징역 2년형을 받고 옥고를 치렀다.

월진회에서는 문맹퇴치와 농촌부흥 그리고 애국사상 고취 등을 활동 목표로 삼았다. '월진회약사月進會略史'에는 다음과 같이 월진회의 활동 목표를 제시하고 있다.

첫째, 야학을 통한 문맹퇴치운동을 벌리고
둘째, 강연회를 통한 애국사상의 고취
셋째, 공동경작과 공공식수를 통한 농촌경제 향상
넷째, 축산 등 농가부업과 소비조합을 통한 농가의 경제생활의 향상
다섯째, 위생보건사업과 청소년의 체력단련을 통한 체력 향상

김광의 『윤봉길전』에서는 월진회의 종지宗旨라 하여 다음 4개 항을 제시하고 있다.

「월진회의 종지」

1. 야학교를 조직하여 빈곤 아동에게 무상의 교육 기회를 제공함
2. 농민강습소를 개설하여 무지한 농민들에게 과학적 합리적 농업의 상식을 촉진하여 진부한 농업생산 방식을 개량함
3. 민중 강연회를 개설하여 국내외 사정을 알리고 토론하며 공중과 개인의 위생 등을 강연하여 지식보급화를 촉진함
4. 상호 친선, 친목의 미덕을 길러 민중 단결의 힘을 공고히 함

이는 '월진회약사'의 내용과 유사하나, 빈곤 아동에게 무상 교육의 기회를 준다거나, 민중강연회 또는 민중단결 등을 약간 강조되고 있는 점이 눈에 띤다.

윤봉길은 월진회의 기를 제작하였다. 흰색 바탕에 3줄의 청색 그리고 가운데에 무궁화 꽃을 넣었는데, 흰색은 백의민족을, 세 줄의 청색은 삼천리 금수강산, 무궁화는 무궁하게 발전한다는 뜻을 담았다.

월진회의 주요 사업은 농촌부흥운동이었다. 이를 위하여 목계농민회에서 실시하던 농가부업 장려와 공동판매 등의 사업을 계속하였다. 회원들에게 어린 돼지 한 마리씩을 나눠주어 기르게 했다. 양계에도 힘을 써 소득을 올리게 하였다. 윤봉길은 월진회를 통하여 농촌을 잘 사는 마을로 부흥시키고자 한 것이다.

월진회에서는 저축증대 사업도 전개하였다. 월진회의 규약에 의하면 매월 14일 오후 7시에 정기총회를 개최하였다. 회원은 40여 명에 달했는데, 회원은 매월 10전씩 저금을 해야 했다. 매월 정기적으로 저금할 것을 강조하여 만일 매월 납부하지 않을 경우에는 그동안의 저축액을 무효로 한다고 하였다. 또 저축은 본인이 해야 하나 부득이한 경우에는 자식이나 조카가 대리 납부할 수 있었다. 그렇지 않고 타인에게 납부하게 하면 처벌한다고 되어 있다. 납부한 회비는 고덕금융조합 삽교출장소에 저금하였다.

그는 농촌 부흥운동을 전개하면서 한편으로 회원들의 건강한 체력을 위하여 수암체육회를 발족하였다. 자신이 회장이 되어 체육회를 이끌어갔는데, 설립 목적으로 다음 다섯 가지를 제시하였다.

첫째, 체육을 통해 협동심을 배양한다.
둘째, 체육을 통해 패기와 야망을 키운다.

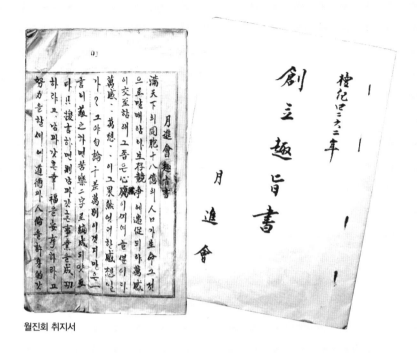

월진회 취지서

월진회 기

셋째, 고된 노동으로 일그러지기 쉬운 농촌 청년들의 체격을 바로 잡고 체위를 향상시킨다.

넷째, 체육을 통해 이웃과 친선을 도모한다.

다섯째, 현대 스포츠와 경기 방법을 터득하여 시대적 조류에 부응한다.

윤봉길은 마을 청년들과 수암산 기슭 냇가 근처의 황무지를 개간하여 운동장을 만들어 축구를 비롯한 각종 운동을 장려하였다.

한편 윤봉길은 1929년 설날(양력, 2월 10일)부터 일기를 쓰기 시작하였다. 그는 일기를 쓰면서 '기사년 일기장 서언'이라고 서문을 쓰고 있다. 이 서문에 스물두 살이 된 그의 마음이 잘 나타난다.

가도 막지 못하는 것은 세월이다. 60초가 1분, 60분으로 1시간, 24시간이 하루이다. 자전을 마치고 사정없이 핑핑 돌아가는 지구가 어느덧 3만 6천의 자전을 마친다. 이것이 한사람의 일생이다.

아! 그러면 무정한 저 광음이 인생을 얼마나 희생하였는가. 생각이 여기에 도달하여 한줄기 동정하는 눈물을 금치 못하였노라.

묻노니 이러한 짧은 기간에 겪어 보내는 것이 무엇인가.

참, 붓으로 기록할 수 없는 고통, 번민, 노력, 온갖 일로 바삐 보내다가 한꺼번에 시간이 흘러가는 즐거움으로 일생을 보내는 이 인생이다. 이로 논하건대 이 인간은 눈물로 되었구나. 눈물로 된 인간이여, 아! 나의 마음을 억제할 수 없구나!

앞의 인생론은 맑은 하늘 한장 종이에 다 기록할 수 없다. 금년의 행사나 기록하여 보자.

윤봉길은 새해를 맞아 일기를 쓰면서 새로운 1년 계획이나 각오 같은 것을 적은 것이 아니라 가는 세월을 탓하면서 인생이 무상함을 적었다. 그리고 많은 일로 바삐 살았지만 고통과 번민만이 생겼으며, 눈물만 나온다고 한탄하고 있다. 그가 '인간이 눈물로 되었다'고 기록하고 있는데, 이는 근본적으로 희망을 품을 수 없는 식민지 현실에 대한 회한을 표현한 것으로 보인다. 그렇지만 그는 다시 마음을 다잡아 그날 그날 일어난 일이나 일기장에 적기로 한다면서 글을 맺고 있다.

설날인 2월 10일 그는 윤세희 집에 가서 토정비결을 봤는데, "산에 들어가 범을 잡으려 하니 생사를 가늠하기 어렵다"(입산금호入山擒虎, 사생난변死生難辨)'라고 나왔다고 적었다. 토정비결의 예언이 맞기라고 하듯이, 1929년은 그에게 가정적으로 매우 힘든 시기였다. 딸 안순이의 건강 상태가 극히 안 좋았다. 안순이 눈에 백태가 끼어 앞이 잘 보이지 않았다. 머슴에게 안순이를 업게 하고 삽교역 앞에 있는 병원에 갔다가 다시 예산의원에 입원을 시켜 진료하였으나 차도가 없었다. 그는 바깥 일에 힘쓰다가 딸 자식이 그 지경이 되었다면서 자신을 원망하였다. 정월 대보름날(양력, 2월 24일) 일기에는 "한숨이 그칠 날이 없구나. 아름다운 계절을 만나니, 달아 달아, 정월 보름날 둥근 달아, 묻노니, 너의 힘이 그것뿐이냐. 저 인생에게는 비춰주지 못하냐"라고 적었다. 딸의 눈을 뜨게 해달라고 달님에 하소연하며 소원을 빌고 있다.

5월 23일(음력, 4월 15일)일기에 "이 충무공 일생사라면서, 일본군 17만 명이 침입하다. 풍신수길이 육군으로는 코니시^{小西行長}와 가토^{加藤淸正}를, 수군으로 가토^{加藤嘉明}, 모리^{毛利勝信}, …… 쿠키 요시타카^{九鬼嘉隆}를 보냈다. 원균이 물리치지 못했다. 이충무공이 파면^{罷免}되었다 한다."라고 썼다.

이순신은 1545년 4월 28일(음, 3월 8일) 온양에서 태어났다. 윤봉길은 이충무공의 탄신일이 얼마 지나 이순신의 행적을 갑자기 일기에 적고 있다.

그는 왜 이런 사실을 일기장에 적었을까? 임진왜란 때 왜군의 침입과 노략질을 막아 내지 못한 것에서 아무 것도 배우지 못하고, 몇 백년이 지나 또 다시 일본군의 말발굽 아래 신음하고 있는 모습을 보면서 울분을 참을 수 없었던 것은 아닌가 한다. 그는 8월 12일자 일기에서 '덕천가강이 죽지 않은 것을 탄식함^{嘆德川加强無死}'라 하여 풍신수길을 이어 덕천 막부를 세운 덕천가강이 죽지 않음을 탄식한다는 글을 썼다. 아마도 덕천가강이 죽지 않고 막부를 설립하게 된 것이 조선에게 해가 된 것이라고 생각한 것이 아닌가 한다.

6월 20일(음, 5월 14일) 일기에는 밤에 누가 죽었다고 기록하였다. 딸 안순이가 죽은 것이다. 안순이를 업고 병원을 다니면서 고치려고 했지만, 결국 어린 나이에 저 세상으로 가고 만 것이다. 다음 날 그는 시름을 이기지 못하고 들판을 정신없이 거닐었다. 아비로서 딸 자식을 먼저 보낸 윤봉길의 슬픔은 정월 대보름달을 원망했듯이 세상을 등지고 싶은 지경이었을 것이다. 딸이 죽은 지 얼마 지난 8월 17일(음, 7월 13일)은 할

아버지 1년 상이 되는 날이었다. 일가 친척이 모두 모여 두더지처럼 땅을 일궈 집안을 일으킨 할아버지의 소상小祥을 정성스럽게 치렀다.

광주학생운동이 전국에 퍼지다

1929년이 저물어 가는 12월 3일에 광주학생운동이 터졌다. 그 소식은 곧바로 전국으로 전해졌다. 광주학생운동은 열차로 통학하던 광주고보의 한국인 학생과 광주중학의 일본인 학생간의 싸움이 발단이 되었다. 10월 30일에 나주역에서 광주중학의 일본인 학생들이 광주여자고보생 박기옥 등을 희롱한 사건이 있었다. 이를 보고 격분한 광주고보생 박준채와 광주 중학의 일본인 학생들 간에 다툼이 일어났고, 이 싸움은 두 학교 통학생들의 집단 싸움으로 비화되었다. 이 소식은 곧바로 광주 전역에 전파되어 반일감정을 고조시켰다. 11월 3일에는 통학생만이 아닌 양교 전교생들의 싸움으로 확대되었다. 이 날은 우리 민족의 성절인 개천절이었고, 일본은 명치절이었다. 광주고보 학생들이 설립한 비밀결사인 성진회 창립 3주년이 되는 날이기도 하였다. 광주고보 학생들은 신사참배를 거부하고 며칠 전 열차내 학생 충돌 사건을 조선학생 탓으로 보도한 광주일보사를 습격하였다. 시내 곳곳에서 한국인 학생과 일본인 학생 간의 충돌이 벌어졌다. 학생들은 시가행진을 하였다. 여기에는 광주고보만이 아니라 광주농업학교와 광주사범학교 학생들도 참여하였다. 일반 시민들도 학생들의 시위를 성원하였다. 일본인 상점은 폐점하였다. 학생들은 광주역으로 가서 역무원과 경찰을 집단 구타하는 격렬한 투쟁을 벌였다. 그러나 출동한 경찰들에 의해 한국인 학생들만 대거 구속되었다.

광주학생운동의 물결은 곧바로 전국으로 번져갔다. 광주고보생과 광주중학생간의 싸움에서 일본 경찰과 교사들이 한국인 학생만을 검거하고 폭행한 사건이 퍼져나갔기 때문이었다. 광주학생운동은 일제의 한국인 차별 정책에 대한 민족적 항쟁이었다. 이 운동은 점점 확대되어 1930년 3월말까지 약 5개월 동안 계속되었다.

12살 어린 나이에 3·1운동을 목격하고 보통학교를 자퇴했던 윤봉길도 이 소식을 접했다. 그는 12월 5일자 일기에 '광주고보 민족 충돌'이라고 적고 있다. 이어서 다음 날에는 "경성 보성고보에서 만세 삼창했다. 1) 일본제국타파 만세, 2) 약소민족해방 만세, 3) 노예적 교육철폐 만세"라고 적고 있다. 12월 12일자에는 "종제 윤신득이 휴업으로 집에 왔다. 광주고보사건"이라고 적고 있다. 그의 사촌동생인 윤신득은 중동중학생이었다. 그 역시 광주학생운동으로 학교가 휴학함에 고향에 온 것이다.

1929년은 광주학생운동 외에도 일제의 식민통치를 반대하는 투쟁이 곳곳에서 연달아 일어났다. 연초부터 3개월 이상 계속된 원산총파업을 비롯하여 6월에는 조선공산당 사건으로 50여 명이 구속되었다. 7월에는 경남 통영의 조선제강 여직공들이 임금 인상을 요구하며 총파업을 일으켰으며, 8월에도 부산 일본 도기회사 직공들이 임금 삭감에 반대하여 총파업에 들어갔다. 이러한 와중에 12월초 함흥수리조합의 일본인들이 한국인 세 명을 타살했다는 사실이 전해졌다. 윤봉길은 12월 16일자 일기에 이 사실을 "함흥수리조합 일본인이 조선인 세 명을 타살했다.

아! 가엾어라. 이 압박 어느 날 값을런지"라
고 적고 있다.

윤봉길은 광주학생운동으로 큰 충격을 받
았다. 그는 1929년 광주학생운동 후부터는
야학에서 학생들에게 항일정신과 투쟁에 나
설 것을 고취하는데 열중하였다. 그는 강연
에서 일제의 번뜩이는 칼날 아래 민족과 나
라를 위해 희생한 학생들의 원한 맺힌 참상
을 직시할 것을 호소하였다.

기사년일기 표지

여러분, 만약 당신들에게 아직도 흐르는 피
가 뛰고 있고, 아직도 순환하는 기운이 흐르
고 있다면, 일본제국주의의 참혹한 압제 하에 있는 2,000만 동포의 통곡
을 귀 귀울여 들어보시오.

나아가 그는 민족 독립을 위해 일제에 대한 투쟁에 나설 것을 촉구하
였다.

우리는 이런 대중과 조국을 위한 정신과 책임을 가지고 그들처럼 투쟁해
야 합니다. 그러자면 여러분도 그들과 똑 같은 열렬한 정신을 품고, 오늘
부터 웅장한 뜻을 견고하게 갖고, 각자 자신의 임무를 맡아 그들과 더불
어 같은 전선에서 온 강산을 탈환할 책임과 2천만 민족정신을 회복하기

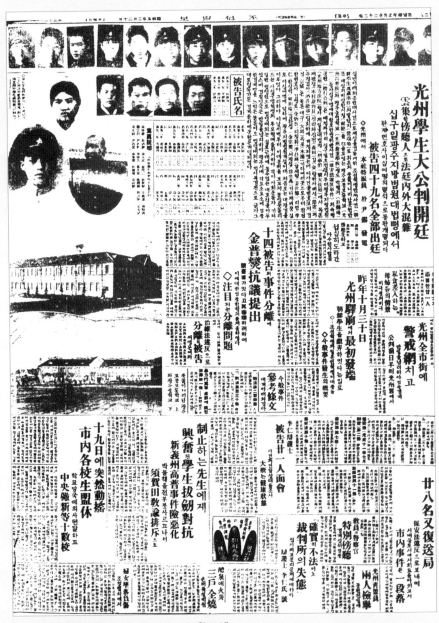

광주학생운동 주도자 공판기사 (조선일보 1930년 2월 20일)

위하여 우리의 큰 적인 일본제국주의를 파멸시켜 새로이 위대한 나라와 민족을 건설합시다!

이 일을 알게 된 일제는 결국 야학을 강제로 폐쇄하고 윤봉길을 구속하고 말았다. 그는 체포되어 3주 동안 옥고를 치르고 야학을 떠나지 않을 수 없게 되었다. 그는 야학의 학생들에게 "뜨거운 피로 적과 싸우고 횡포한 왜적을 모두 죽이고 승리의 깃발을 손에 들고 우리나라 만세를 크게 외칩시다"라는 이별사를 했다.

03 망명의 길을 떠나다

장부출가생불환

1930년 3월 6일, 음력으로 2월 7일이다. 설을 세고 났으니 농촌에서는 조금 여유롭고 한가한 때다. 어머니께서는 전날 갈뫼 친정에 가셨다. 사나흘 계시다가 오신다고 했다. 어제 어머니께 마지막 효도라고 생각하면서 가시는 길에 추우실까봐 수건 한 장과 과자 한 봉지를 사드렸다. 주막거리 앞에서 사촌형 순의가 하는 잡화상에서 외상으로 급히 사서 드린 것이다. 갈뫼는 홍성군 갈산면을 말한다. 청산리전투의 영웅 김좌진과 홍주의병장 김복한이 태어난 곳이다. 윤봉길은 외갓집을 왕래하면서 이들의 항일 투쟁의 이야기들을 들을 수 있었을 것이다.

윤봉길은 아침에 일어나 세수도 하는둥 마는둥 사랑방으로 가서 물건을 정리했다. 그리고 벼루에 먹을 갈고 잠시 숨을 고른 다음 붓을 들고 자신의 굳은 결심을 써내려갔다. 마치 제갈공명이 위나라를 정벌하기 위해 떠날 때 출사표를 썼듯이, 그는 일제를 몰아내어 해방의 날이 오기

전에는 결코 돌아오지 않겠다고 '장부출가생불환丈夫出家生不還'이라고 출사표를 쓴 것이다. 이 출사표는 비장한 결의를 표명한 그의 유서였다.

그는 아내가 차려 준 마지막 밥상을 받았다. 아내와 두돌 지난 종淙이가 눈에 밟혀 밥이 잘 넘어가지 않았다. 밥상을 물리고 외출복인 낡은 양복을 입었다. 무명에 검은 염색을 한 학생복 비슷한 옷이었다. 그는 아기를 들어 안았다. 그리고 아기의 볼에다 자신의 얼굴을 대고 비비다가 문을 열고 들어 온 여동생 임의한테 그 장면을 들켰다. 동생이 '오빠 어디를 가시길래 그렇게 변덕을 피우세요' 라는 말에 속으로 뜨끔했다. 그는 마루를 나와 어머니가 거처하시는 안방으로 들어갔다. 비록 어머니는 친정에 가서서 안계시지만 방안을 둘러보고 싶었다. 장농 위에 이불과 요가 가지런히 놓여 있었다. 횃대에는 어머니의 정결한 옷가지들이 걸려있었다. 안방을 나온 그는 부엌으로 발걸음을 옮겼다. 마지막으로 아내의 얼굴이라도 한 번 더 눈에 담아 둘 요량이었다. 아내와 눈이 마주치자 왠지 당황스러웠다. 그리고 멋적은 듯이 '물 좀 한 그릇 주오' 라고 말하자 아내는 물 한 대접을 내밀었다. 둘째 아들 담이가 그가 가출한 후 6개월이 지난 9월 5일 출산했으니 이미 아내의 몸에는 3개월 된 아기가 태중에 있었다.

"차남 윤담은 내가 고향을 떠난 후에 태어났기 때문에 그 사실을 통고받고 난 다음에 알았다"

윤봉길이 체포된 후 받은 신문조서에서 이렇게 진술한 것으로 보아 부인의 임신 사실을 몰랐던 것 같다. 알았다면 어땠을까. 아내는 남편이 망명하려 한다는 것을 알지 못했다. 배씨 부인은 별다른 낌새는 채지 못했지만, 전날 밤에 "여동생이 시집을 간다니 신랑될 사람을 좀 만나봐야 겠소. 내일 새벽에 떠나 언제 돌아올지는 확실하지 않으니 그동안 애들이나 잘 보살펴주오"라는 윤의사의 얼굴에서 어떤 비장한 모습을 읽고 "아! 마침내는 가시는구나"라고 생각했다 한다. 그러나 말릴 수는 없었다 한다.

사랑방을 향해 가는데 아버님의 방문이 열려 있었다. 아침부터 황건을 쓰시고 계셨다. 담뱃대를 붙잡고 문지방을 짚으신 채 '어디 갈 작정이냐' 아버님이 내다보며 물으셨다. 윤봉길은 뭐라 말씀을 드려야 할지 말문이 막혔다. '매부 선 보러 가는구먼 그래?' 아들이 대답이 없자 며칠 전부터 누이동생 용분(원 이름은 순례인데, 용분이라고 불렀다)이 신랑감 보러 간다는 것을 들으신 모양이었다. 아들이 다녀오겠다고 말하자, 아비는 당부에 당부를 하신다.

"첫째는 집안을 알아봐라. 부모가 모두 살아 계신지, 살림 형편은 좋은 지를 그리고 다음에는 총각이 유식한지, 신체가 건강한지, 성격이 유순한지, 효성이 있는지를 살펴야 한다."

"알겠습니다"

윤봉길은 아버지 얼굴을 제대로 쳐다보지도 못하고 도망치듯 대문 밖으로 빠져 나왔다. 문 밖에서 그는 집 주위를 휙 둘러보고 짐짓 결연한 미소를 지었다. '정든 집아 잘 있거라. 목적을 달성하고 돌아오겠다'라고 다짐하는 미소였다.

19살 나이부터 야학을 만들고, 월진회를 세우고, 수암체육회 활동을 벌이고, 어른들을 위해 위친계를 조직했던 것이 주마등처럼 스쳐갔다.

그렇게 고향을 이상촌으로 만들겠다고 4년간 열성을 다했다. 이제 어느 정도 기반이 잡혀갔다. 그러나 3·1운동에서 민족을 각성한 그가 광주학생운동을 접하고 농촌진흥운동의 한계를 절감하였다. 아무리 발버둥처도 일제의 식민지하에서는 모든 것이 한계가 있었다. 사람으로서의 기본 권리마저 박탈당했으며, 경제적 고통은 더욱 심해졌다. 윤봉길은 후일 어머니께 보낸 편지에서 그가 집을 떠난 이유에 대하여 다음과 같이 말하여 자신의 가출이 천만 번 생각한 결과임을 말씀드리고 있다.

"천사만려千思萬慮하여 보았으나 시대 경제 고통은 점점 커가는 반면에 우리 가사는 점점 작어진다. 이것이 어느 놈의 행동인가. 나는 여기에 역경을 채용하기로 결심하였다."

그리고 경제적인 고통이 점점 커지는 것이 '어느 놈 때문인가'라고 자문하면서 일제의 식민통치를 비판하고 있다.

"우리 청년시대는 부모의 사랑보다 형제의 사랑보다, 처자의 사랑보다도 한층 더 강의剛毅한 사랑이 있을 것을 각오하였다. 나는 우로와 나의 강산과 나의 부모를 버리고라도 이 길을 떠나간다는 결심이었다."

부모형제와 처자에 대한 사랑보다도 한층 더 굳센 사랑이 있다는 각오가 되어 있기 때문에 부모님을 버리고 어려운 역경의 길을 떠나게 되었음을 밝히고 있다.

윤봉길은 23살의 젊은 나이에 늙은 부모와 어린 자식을 두고 마치 석가모니가 출가하듯 가출하였다. 도대체 무엇이 그를 농촌계몽가에서 혁명가로 전환시켰을까?

그가 체포되어 심문을 당할 때 망명 동기를 말하길, 첫째는 일본인한테 차별받고 박해당하는 것을 본 때문이라고 하였다. 이처럼 그가 망명한 직접적인 계기는 광주학생운동에 있었다. 그는 1929년 11월 3일에 있었던 광주학생운동 소식을 들었다. 그의 일기를 보면, 광주학생운동이야말로 그의 의식을 전환시키기에 충분했음을 짐작하게 한다. 광주학생운동은 압박받는 조선과 조선인을 해방시켜야 한다는 그의 항일의지를 더욱 강렬하게 하는 계기가 되었다.

그는 또한 홍성에 조직된 유교부식회의 민족정신에 감화를 받았다. 그는 성주록 선생의 안내를 받아 홍성에 있는 유교부식회儒敎扶植會의 강연회에 참가하였는데, 이곳에서의 철저한 항일민족정신에 감화를 받았다. 유교부식회는 1927년 홍주의병장 김복한의 장자인 김은동金殷東과 문인인 오석우·이우직·김노동·성원경·전용욱 등이 설립한 유교진흥단체로 '인도人道'라는 잡지를 간행했으며 수시로 강연회를 개최하였다. 유교부식회에서 개최한 강연회는 일본 경찰에 의해 금지되기도 하였다. 윤봉길은 스승인 성주록 뜻에 따라 유교부식회에 입회하여 강연회에 참석한 것이다.

윤봉길의 시집으로 알려진 『옥타』에 김복한에 대한 만시輓詩가 실려 있다. 김복한은 1919년 파리장서운동에 호서지역 대표로 참여한 후 옥고를 치렀으며 1924년 고향에서 병사했다. 윤봉길이 17살 때로 오치서숙을 수료할 때의 일이다. 이 만시를 윤봉길이 지은 것 같지는 않다. 오히려 그의 스승인 성주록이 지은 것이라는 해석이 유력하다. 비록 그러하더라도 이 만시에는 학자이며 대표적인 민족지사인 김복한에 대한 존경의 마음이 잘 표현되어 있다.

성주록은 윤봉길을 홍성으로 데리고 가서 김복한의 유지로 설립된 유교부식회에 입회를 시켰으니, 윤봉길은 스승을 통하여 김복한의 의병정신을 배웠을 것이다. 김복한의 문인인 전용욱은 1946년 윤봉길의 유해가 환국한 후에 예산의 충의사에 모셔진 위패 앞에 윤봉길의 위업을 기리는 한시를 바쳤다. 이 한시의 후미에 "윤군은 일찍이 유교부식회원으로 그 스승 성주록씨를 따라 회관에 와서 강講하였기에 읊는다"라고 윤봉길이 유교부식회 회원이었음을 알려주고 있다. 윤봉길이 1930년 3월 큰 뜻을 품고 고향을 떠나 상해로 향한 것은 이곳에서 홍주의병의 의병정신을 배우고 상해임시정부의 존재를 알게 되었음과 무관하지 않다.

그는 또한 신문을 통해서 상해에 '가정부' 즉 대한민국임시정부가 존재한다는 사실을 알았다. 그는 '수화에 빠진 사람을 보고 그대로 태연히 안저 볼 수 없다'는 각오로 귀에 쟁쟁거리는 상해정부로 향한 것이다. 윤봉길은 상해의거 직후 체포되어 일본 헌병대에서 심문을 받았는데, 여기에서 그는 다음과 같이 망명 동기를 말하였다.

향리에서 동포가 내지인에게 박해당하고 있음에 분개하여 해외에서 독립운동을 해야 한다는 사상을 품기에 이르렀다. 즉 17, 8세 경부터 신문 잡지를 열독함에 이르자 조선은 그 고유의 문화를 갖고 자력으로 훌륭히 통치할 수 있음에도 불구하고, 왜 일본에 복종하여 그 통치하에 있지 않으면 안되는가. 세계문명의 진보된 금일 타국에 합병되어 있는 것은 치욕이라는 생각을 품었다. 신문에서 상해에 독립운동의 기관이 있음을 알게되자 상해에 가서 한국 독립을 위하여 활동하려고 도래한 것이다.

윤봉길은 목숨을 바칠 각오로 집을 떠나면서 '이향시'를 지었다. 고향에 대한 절절한 마음을 밝힌 그의 대표적인 시다. 그는 이 시에서 자유롭고 즐거웠던 고향이 백골만 남은 지옥으로 변했다고 하였다. 동포들의 목에 칼을 씌운 악마 같은 일제를 물리쳐 사람다운 세상을 만들고자 고향을 떠난다고 밝히고 있다. 그리고 그 길이 아무리 험난한 가시밭길이라도 자유의 불꽃을 피우기 위해 그 길을 갈 결심임을 밝히고 있다.

이상화의 '빼앗긴 들에도 봄은 오는가'는 서정적이고 은유적으로 국권피탈의 아픔을 노래했고, 이육사의 '광야'는 읽은 이로 하여금 애국 정서를 고취시키고 있다면, 윤봉길의 이향시는 거친 면이 있지만, 읽는 이로 하여금 동포를 살리기 위한 가시밭길을 찾아 떠나는 망명객의 심정을 절실하게 느끼게 한다.

이향시

슬프다 내 고향아

자유의 백성 몰아 지옥 보내고

푸른 풀 붉은 흙엔 백골만 남네

고향아 네 운명이

내가 어렸을 때는

쾌락한 봄 동산이었고

자유의 노래터였네

지금의 고향은

귀막힌 벙어리만 남아
답답하기 짝이 없구나
동포야 네 목엔 칼이 씌우고
입가엔 튼튼한 쇠가 잠겼네
고향아 옛날의 자유 쾌락이
이제는 어데 있는가?

악마야 간다 나는 간다
인생의 길로 정의의 길로
어디를 가느냐고 물으면
유랑의 가는 길은
저 지평선 가리켜
오로지 사람다운 인류세계의
분주한 일군 되려네

갈 곳이 생기거든 나를 부르오
도로가 울퉁불퉁 험하거든
자유의 불꽃이 피랴거든
생명의 근원이 흐르려거든
이곳이 나의 갈 곳이라네

떠나는 기구한 길

산 넘고 바다 건너

구렁을 넘어 뛰고

가시밭 밟아 가네

잘 있거라 정들인 고국강산아

이 시는 윤봉길이 1930년 봄 고향을 떠나면서 지은 시로, 1951년 애국정신선양회가 발행한 『애국지(윤봉길선생편)』(임민영 지음)에 실려 있다. 이 시는 1934년 중국 상해에서 간행된 김광의 『윤봉길전』에는 '유랑이 향적인流浪離鄕的人'(고향을 떠나 유랑하는 사람)이란 제목으로 중국어로 실려 있다. 학술원 회원이었던 고 차주환 박사가 이를 다음과 같이 번역하였다.

고향을 떠나 유랑하는 사람

도깨비가 고향을 점령하고 있으면서

자유로운 사람들을 다 불지옥 속으로 밀어넣어 버렸다

남은 것이라고는 단지 재빛의 옛 땅과 히끄므레한

일그러진 뼈다구 뿐이다

고향이여. 너의 운명!

기억하거니와 나의 어릴 적에

현재의 이 고향은

즐거운 봄 기분으로 가득 차 있었고

자유로운 노래 소리가 넘쳐 흐르고 있었다
지금의 이 고향은
서럽게 신음하는 숨소리가 진동하여 고막을 마비시키고
휘날려 뿌려지는 붉은 피가 재빛의 따에 그득히 흐르고
사람들의
몸과 목에는 다 부자유의 멍에가 씌워져 있고
입과 귀에는 부자유의 봉함이 붙혀져 있으니
고향이여! 지난날의 모든 것
자유. 즐거움.
다 어디로 가버렸는가

지금 나는 마귀한테 쫓겨 나와 버렸고
인생의 나그네 길에 오르려 한다
머뭇거리며 길에서 방황하는데
어디로 향해 가나. 오!
어느 곳이 나의 귀착지인가

아무래도 괜찮다
떠돌다 다니다 어느 곳에 밀려 간들
바라기는 하늘 끝이건 바다 귀퉁이건
다만 인류가 동정하는 돌아갈 곳이 있기만 하면 된다
꼭 그곳으로 달려간다

보라! 귀착지가 나를 향해 오라고 손짓을 한다

험한 길 막다른 데에

자유의 불꽃이 피어있고

생명의 샘물이 흐르고 있다

그곳이 곧 인류의 귀착지이다

나는 서둘러 이 험한 길에 올라섰다

산을 넘어가고 바다를 건너가고

깊은 골짝을 뛰어넘고 가시밭을 달려 지나가

나를 향해 오라고 손짓하는 「인류가 귀착」 하는 곳으로

- 1930년 봄에

집을 나온 윤봉길은 덕산 읍내를 벗어나 삽교역을 향했다 수중에는
월진회의 공금 60원이 있었다. 그는 망명길에 노자가 필요했다. 얼마 전
부터 아버지께 앞산의 땅을 팔자고 졸랐지만, 아버지는 끝내 허락하지
않았다. 그는 할 수 없이 월진회원들이 매월 저금한 회비를 가지고 떠난
것이다. 물론 이 돈은 나중에 청도에서 일해서 번 월급으로 갚았다.

그는 10시가 조금 지나 지금은 수덕사역으로 이름이 바뀐 삽교역에
도착하였다. 얼마 지나지 않아 서울행 '경남선京南線' 열차가 도착하였다.
경남선은 1922년에 조선경남철도주식회사朝鮮京南鐵道株式會社에 의하여 개
통되었는데, 1955년 6월에 장항선이라고 개칭되었다. 경남선은 연변에
온양·도고道高 등의 온천이 있고, 또 예산·홍성·광천·대천 등의 주요

윤봉길 집 저한당 (1948년)

지방도시를 연결하여 충남 남서부 지방 교통의 중심을 이루었다.

열차에 몸을 실은 윤봉길은 다시 보지 못할 고향 풍경을 오롯이 기억이라도 하려는 듯이 보고 또 보았다. 예산을 지나 온양, 천안을 지났다. 오후 3시경에 서울역에 도착하였다. 신의주까지 가는 경의선이 출발하려면 여유가 있었다. 그는 종로구 봉익동에 있는 사촌 동생 윤신득의 하숙집을 찾아갔다. 윤신득의 본명은 윤은의尹殷儀로 중동중학생이었다. 윤봉길은 그를 만나 월진회의 일을 부탁하고 싶었던 것이다. 그러나 윤신득은 외출 중이었다. 하는 수 없이 그는 서울역으로 돌아와 신의주행 열차에 몸을 실었다.

윤봉길은 국경을 넘어 만주일대를 유랑하고 독립군 부대에도 가고 싶었다. 그는 외갓집인 홍성의 갈뫼에 갔을 때 김좌진의 활약상에 대하여 들을 수 있었다. 독립군들의 청산리전투에서의 통쾌한 승전 소식은 그의 가슴을 설레게 했다. 열차는 밤새 달렸다. 피곤했는지 잠이 들었다. 눈을 떠보니 밖이 훤했다. 다음 날 (8일) 아침 9시경이었다. 선천역에 거의 도착할 즈음 그는 고향에서 월진회 활동을 함께 한 황종진에게 편지를 썼다. 친구의 입을 통하여 부모님과 동지들에게 소식이 전달될 것으로 보았기 때문이었다. 편지의 내용이 그가 어머니께 보낸 편지에 기록되어 있는데 다음과 같은 내용이다.

하루가 여삼추如三秋라는 말이 있듯이 어제 하루는 제에게 있어 정말 삼추와 같이 오랜 세월이 흐른 감이 있습니다. 형은 아마도 제의 이 편지를 받으면 크게 경악하리라 믿습니다. 제弟는 가정과 사업과 동지를 다 버리고 거대한 ○○사업을 하기 위하여 고향을 떠났습니다. 잃은 독립을 찾고 경제를 찾는 현하 청년의 할 사업은 이것이겠지요. 그러므로 제는 넓고 넓은 만주 벌판에 자유스럽게 뛰어 놀려 합니다.

그런데 편지를 다 쓰기 전에 기차 안에서 차표 검사가 있었다. 그는 호주머니를 뒤져 차표를 내어주었다. 조사원은 윤봉길의 행색을 살피더니 "신의주에 뭘 하러 가느냐?"고 물었다. 그는 어름어름 친척집에 간다고 대답하였다. 조사원은 친척의 이름이 무엇이고 어디 사느냐고 묻는다. 윤봉길은 당황했다. 친척 이름은 윤천의고, '신의주부'에 산다고 하였다. 그러자 조사원 뒤에 사복을 입은 형사가 '무슨 정(町: 우리의 洞에 해당함)이냔 말야'라고 소리를 지른다. 윤봉길은 말문이 막혔다. 신의주에 무슨 정이 있는지 몰랐기 때문이었다. 형사는 무조건 그의 몸수색을 했다. 호주머니에서 방금 쓴 편지가 나왔다. 형사는 편지를 뚫어지게 보더니 '넓고 넓은 만주 벌판에서 뛰어 놀구 싶다구!'하면서 윤봉길의 따귀를 때렸다. 그리고 주소와 직업이 무엇인지 묻고 기록하였다. 윤봉길은 "왜 조사도 확실히 하지 않고 때리느냐. 이게 무슨 무리한 경관의 행동이냐!"면서 반항하였다. 그러자 형사는 또 따귀를 올려 부쳤다. 형사는 심지어는 모자를 벗으라고 하고 머리 모양까지 시비를 걸었다.

선천경찰서에서 고초를 겪다

열차 안에서 고초를 겪은 윤봉길은 선천역에 끌어 내려졌다. 그리고 선천경찰서에 끌려가 또 다시 취조를 받았다. 그는 이곳에서 여러 날 갇혀 있었다. 그가 윤신득에게 보낸 편지에는, "한 달 동안 일을 당한 끝에 오늘에야 풀려나 이 글을 쓴다. 종제 신득아, 헌 옷가지나마 있으면 한 번 곧 부쳐주기 바란다"라고 한 달이나 갇혀 있었다고 한다. 그러나 그가 어머니께 편지를 쓴 것이 3월 20일이니, 열흘 남짓 고초를 받은 것으로 보인다.

선천경찰서에서 나온 그는 우선 정주여관定州旅館이라고 하는 곳에 들어갔다. 그리고 윤신득에게 편지를 보내 집을 나온 후 그간의 사정을 말하고 헌옷가지라도 보내달라고 하였다.

며칠간 회답을 기다리다가 같이 여관에 묵고 있는 김태식과 인사를 하고 가까워졌다. 김태식은 대학 졸업생이었다. 그 역시 중국으로 가려 하였다. 윤봉길은 김태식으로부터 중국의 상황과 독립단의 내막도 알 수 있었다. 김태식은 윤봉길의 집안 형편을 듣고는 중국행을 말렸다.

"집안의 큰 아들로서 그런 희생적 생활을 할 수 없다. 그대의 마음이야 물론 청년으로서 당연한 일이지만, 자식의 도리를 생각하라."

김태식은 자신의 양복 한 벌을 주면서 입어보라고 하였다. 그리고 40살쯤 되어 보이는 선우옥과 한일진韓一眞을 소개해주었다. 그들 역시 여관에서 머물고 있었다. 선우옥은 윤봉길의 뜻을 듣고는 처음에는 찬성하였으나, 그 역시 김태식과 마찬가지로 집안 형편을 듣고는 자꾸 집에 돌아가라고 하였다. 윤봉길이 이미 집을 나와 이제는 돌아갈 수 없다고 말하자, 자기가 취직을 시켜준다고 하면서 신의주부에 있는 평안북도산업조합의 서기 자리를 추천하였다. 윤봉길은 결국 그의 청을 받아들였다. 그리고 어머니께 편지를 보내 아버지 승낙서와 자신의 호적초본, 토지대장등본을 빨리 보낼 것을 요청하였다. 양력으로 4월 1일부터 출근하도록 한다면서 이제는 자기 이름을 봉길이라고 부르라고 하였다.

씨(선우옥, 필자) 자꾸 권한다. 본부 산업조합에 서기로 가라고 한다. 나는 또 소원이 아니라고 말하였으나 자꾸 인자의 도리를 말하며 권한다. 마지못하여 승낙하였다. 이것도 지루하여 다 기록하지 못하겠어요. 조합에서 보증을 서라하니 아버지의 승낙서와 저의 민적초본과 또는 재산이 얼마나 있나 면소面所에 가서 토지대장 열람서를 청합니다. 신용이 있으랴면 토지가 많은 게 좋습니다. 백부 명의로 하여도 좋습니다. 토지대장등본에 대하여 별로 의심이 없을 것 같사오니 십분 하량하사 속히 부송하시압. 무엇 학교 출신이 아니니까 중대한 서기는 못 될터이지 아직 월급도 작정치 못하였습니다. 양 4월 1일부터 쓰겠다고 그럽니다.

그러나 윤봉길이 실제로 산업조합의 서기로 근무했는지는 알 수 없다. 산업조합은 일제강점기 민간의 협동조합 운동을 포섭·통합하여 식민지 지배를 강화하기 위해 각 지방에 조직한 일종의 협동조합이다. 따라서 경찰의 조사를 받은 그가 평안북도 산업조합의 정식 서기로 취직되기는 어려웠을 것이다. 임시정부만을 마음속으로 되뇌이던 윤봉길이 이러한 식민지 관료나 마찬가지인 서기의 일을 한다는 것은 용납되지 않았을 것이다. 또 윤봉길의 다른 편지나 자필이력서에도 선천에서의 일에 대하여는 일체 언급이 없는 것으로 보아 그가 이곳에서 근무했다고 볼 수는 없을 것 같다.

압록강을 건너 청도로

윤봉길은 3월말 압록강을 건너 단동으로 간 것으로 보인다. 그는 선천에서 김태식과 선우옥, 한일진 같은 지사들의 도움을 받으면서 만주에서의 독립군 소식도 들을 수 있었다. 그는 이들과 함께 단동으로 들어갔으나 김태식 등과 헤어졌다. 그는 임시정부가 있는 상해로 가고 싶었다. 그러나 김태식은 만주 일대의 독립군 부대를 찾아가고자 하였다. 윤봉길은 한일진과 함께 일본 기선 광리환廣利丸을 타고 우선 청도를 향했다. 단동에서 배를 탄 것이 3월 31일이었다. 며칠 지난 4월초에 청도에 도착하였다.

청도에 도착한 한일진은 미국으로 떠났다. 한일진이 청도에 온 것은 미국으로 가는 배를 타고자 한 때문이었다. 그는 여비가 모자라 애를 태웠다. 윤봉길은 상해로 가려고 남겨둔 돈을 그에게 주었다. 한일진은 '이 은혜를 평생 잊지 않겠습니다'하고 미국으로 떠났다. 윤봉길이 순국했다는 소식이 미국에 전해지자 한일진은 시량리 고향집에 윤의사한테 빌렸던 것이라면서 돈을 보냈다.

청도에서 한일진과 헤어진 후 윤봉길은 길거리에서 말 그대로 유랑생활을 했다. 아는 이도 없고 말도 잘 안 통했다. 그러다가 하루는 지나는 길에 중국 상점 사이에 한국인이 운영하는 음식점 송죽당松竹堂을 발견하였다. 윤봉길은 너무 기뻐서 밥이라도 얻어먹을 수 있는 일자리라도 구하고 싶었다. 그는 주인을 찾아 자신이 중국에 온 뜻과 내력을 말했다. 이야기를 끝까지 들은 주인은 윤봉길의 처지를 측은해 하면서도 품은 뜻을 가상히 여겼다. 그리고 그에게 직업을 소개하려고 여러 곳을 분주하게 연락하였다. 여러 날 후에 봉천로奉天路에 있는 세탁소의 점원 자리가 나왔다. 주인은 나카하라 켄타로中原兼太郎 라고 하는 일본인이었다. 윤봉길은 청도에서의 길거리 유랑 생활을 청산하고 세탁소의 직원이 되었다. 그가 고향에서 일본어를 익힌 것이 효험을 본 것이다. 일정한 월급을 받게 되면서 비교적 안정된 생활을 할 수 있었다. 그는 월급을 모아 고향으로 월진회 자금 60원을 보냈다.

1930년 10월 어느 날 어머니가 보낸 편지를 받았다. 그는 고향 생각과 자신의 처지를 생각하며 눈물을 뚝뚝 흘리면서 읽었다. 어머니는 말도 없이 부모처자를 버리고 집을 떠난 윤봉길을 책망했다. 절절히 옳은 말이었다. 그는 1930년 10월 18일 어머니에게 편지를 보내 자신이 집을 떠난 것이 한갓 덤벙대는 즉흥적인 행동이 아니었으며 오랜 기간 묵상한 결과라고 말했다. 그리고 집안 형편이 어느 정도 농사터도 있고 자신이 없어도 머슴이 있으니 아버지께서 넉넉히 하실 만하니, 아무리 생각해도 자신이 할 일이 없을 것 같았다는 것이다. 그는 생각하고 또 생각한 결과 자신의 인생 목표를 찾았다는 것이다. 그는 편지에서 부모형제와 처자에 대한 사랑보다 더 굳건한 사랑이 있어 그 길을 찾아 집을 떠나는 것이며 이것은 자신의 운명이니 걱정하지 마시라고 말씀드렸다.

두 주먹으로 방바닥을 두드려가며 혼자 부르짖기를 '사람은 왜 사느냐? 이상을 이루기 위하여 산다. 이상은 무엇이냐? 목적의 성공자이다. 보라, 풀은 꽃이 피고 나무는 열매를 맺는다. 만물주 되는 나도 이상의 꽃이 피고 목적의 열매가 맺기를 자신하였다. 우리 청년 시대는 부모의 사랑보다 처자의 사랑보다 한층 더 강의剛毅한 사랑이 있는 것을 각오하였다.

강의한 사랑의 길! 그것은 목숨을 걸고 나라를 구하겠다는 강한 다짐이었다.

윤봉길은 아들 모순模淳(淙의 어릴 때 이름)에게도 편지를 썼다. 모순이는 1927년 9월생이다. 편지에서 '4세 해동孩童'이라고 하고 있듯이, 이때 그는 우리 나이로 4살 때였다. 그의 편지는 "네가 정말로 두순이한테 아버지가 있어 좋겠다고 하였느냐"로 시작한다. 어머니의 편지 속에 그러한 말이 있었던 모양이다. 윤봉길은 비록 아들이 아직은 어려 글을 읽을 수는 없겠지만, 후일을 생각하며 애비로서 분명히 말하고 싶은 것들을 편지에 담았다. 그는 아들을 기린아요 신동이라고 치켜세우고 있다. 어느 사이에 훌쩍 커버린 아들이 아버지를 그리워하는 것이 마음이 아프면서도 한편으로 기특했다. 그러면서 그는 부모는 자식의 소유물이 아니라고 하였다. 자식 역시 부모의 소유물이 아니라면서 부모에 의지하지 말라고 훈계했다. 그리고 "너는 아버지가 없는 것이 아니다. 네 아비는 이상의 열매를 따기 위하여 집을 떠나 있을 뿐이다"라고 적었다. 그는 편지의 말미에 아버지 대신 어머니가 있으니 어머니의 가르침을 받아 나폴레옹이나 에디슨, 맹자와 같은 인물이 될 것을 부탁하였다. 편지 전문을 여기에 소개하기로 한다.

모순模淳에게

모순아. 재주 많이 하고 사랑 많이 받아라. 네가 정말 두순에 대하여 너는 아버지 있으니까 좋겠다고 하였니. 4세 해동孩童으로 그러한 감이 있다면 그야말로 동정 많은 부답생초不踏生草 기린아麒麟兒요 감각 많은 신동 아이다. 사회 경제 정치 이것은 발생학적 순서이다. 그러나 현실적 통제 관계에 있어서 이 순서는 전도되었다. 경제는 사회에서 나서 사회에서 떠나 사회 위에서 사회를 지배하고, 정치는 경제에서 나서 경제를 떠나 경제 위에서 경제를 지배하고 있다.

따라서 현대 인생의 변환도 그러하다. 부모의 혈계血係로 나서 부모를 떠나서 부모를 위하여 노력함이 허언이 아니다. 사실상 부모는 자식의 소유주所有主가 아니요, 자식은 부모의 소유물이 못되는 것은 현대 자유계의 요구하는 바이다.

모순아! 너는 아비가 없음이 아니다. 너의 아비가 이상의 열매를 따기 위하여 잠시적 역행이지 몇 년 세월로 영구적 전전轉展이 아니다. 그리고 모순이는 눈물이 있으면 그 눈물을, 피가 있으면 그 피를 흘리고 뿌리어 가며 불변성의 의지력으로 훈련과 교양을 시킬 어머니가 있지 아니하냐? 어머니 교양으로 성공한 이를 보건대 서양으로 만고 영웅 나프레온과 고명高名의 발명가 에디손, 동양으로 문학가 맹가孟軻가 있다. 후일에 따뜻한 악수와 따뜻한 '키스'로 만나자.

남편의 편지를 받은 배씨 부인은 반갑기도 하면서 야속하기만 했다. 자신은 물론 시부모와 어린 아들을 두고 떠난 야속한 남편이었다. 시어머니와 아들한테는 편지를 하면서도 자신의 안부는 묻지도 않는 남편이 비정하기만 했다. 그러나 남편이 아들에게 준 편지를 빌어 자신에게 아들을 훌륭하게 키워달라고 당부한 것으로 생각하였다.

윤봉길은 덕산의 농촌에 살면서도 결코 전근대적인 인간이 아니었다. 자신의 삶을 스스로 개척하고 일궈나가야 한다고 생각했으며 부모와 자식관계를 유교적인 틀에 가두지 않고 서로 대등하게 소통하는 서구적인 가족관계를 일구고자 하는 의식을 갖고 있었다. 아내를 존중했으며 교육자로서 여성의 역할을 신뢰하고 있었다. 배씨부인은 남편의 뜻에 따

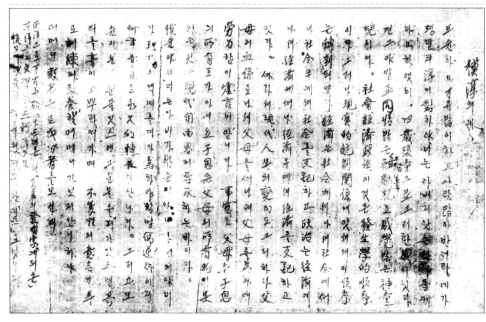
아들 모순에게 보낸 편지

라 아비 없는 자식이라는 소리를 듣지 않도록 하기 위하여 자식 사랑과
교육에 더욱 성심을 다하였다. 훗날 아들이 커서 아버지를 보고 싶다고
하면, 배씨부인은 이 편지를 장롱 속에서 꺼내 읽어주곤 했다.

　배씨부인은 남편이 떠난 후 얼마 지나 자신의 뱃속에 아기가 들어있
음을 알게 되었다. 낮에는 시어머니와 함께 밭일을 하랴, 부엌 살림하랴
도무지 쉴 틈이 없었다. 남편이 무정하게 떠난 지 꼭 6개월이 되는 9월
5일 아들을 출산했다. 산모가 제대로 못 먹은 탓인지 아기도 건강하지
못했다. 산간도 제대로 못해서 건강도 안 좋아졌다. 밤에는 아들을 재우

고 한숨과 눈물로 지새웠다.

　윤봉길은 청도에서 세탁소 일을 하면서 신임을 받아 회계원 일을 했다. 그런데 어느 날 세탁소의 물건을 사러 갔다가 30원을 소매치기 당했다. 그는 "세상에 나보다 더 급한 놈도 다 있구나. 내가 이렇게 키가 작은 몸집의 청년이지만, 돈 30원에 어디 눈 하나 깜빡일 것 같으냐!"면서 허탈하게 웃으며 그 길로 자신의 겨울 옷가지를 전당포에 잡혀 30원을 받아 물건을 사가지고 갔다. 이러한 사연은 그가 고향에 보낸 편지에 담겨있다. 비록 그는 남루한 옷차림을 하고 일본인의 세탁소 종업원으로 있었지만, 그는 시정잡배의 가랑이 밑을 태연히 기어갔던 한신韓信과 같은 웅대한 뜻을 품고 있었다.

　어느덧 청도에서의 세탁소 직원 생활도 1년이 되었다. 이제 상해로 갈 노자도 충분하였다. 그는 주인에게 세탁소 일을 그만두고 상해로 가려한다고 하였다. 그동안 열심이던 윤봉길이 떠난다고 하자 주인은 월급이 적다고 생각하여 떠나려 하는 줄 알고 월급을 더 올려주겠다고 하였다. 그러나 윤봉길은 단호히 거절하고 세탁소를 나와 상해로 출발하였다.

04 상해에서의 생활

모자공장 직공이 되다

윤봉길은 1931년 5월 3일(신문조서에는 4월 3일음) 청도에서 상해 행 배에 몸을 실었다. 지금이야 비행기로 1시간이면 가고 버스나 기차 편도 있지만, 당시는 배편이 오히려 빨랐다. 지금은 배편은 없어지고 화물선이나 운행하는 것 같다. 봄빛 햇살이 비치는 여행하기는 좋은 날이었다. 남풍이 불고 파도가 물결치는 넓고 넓은 푸른 바다 위로 갈매기가 하늘을 날아올랐다.

윤봉길은 갑판 한 구석에 이 정경을 감상하고 있었다. 날아오르는 하얀 갈매기를 바라보면서 어디든 갈 수 있는 갈매기의 자유가 부러웠다. 여러 날이 지나 드디어 오랫동안 동경해 온 상해의 모습이 눈 앞에 나타나기 시작하였다. 뱃고동 소리를 울리며 배는 천천히 오송吳淞항구로 들어갔다. 바다를 비추는 등대가 우뚝 솟아 있었다. 회색 군함과 노란 상선들이 각기 바쁘게 움직이고 있었다.

1930년대 상해 황포탄

윤봉길은 드디어 상해에 첫 발을 내딛었다. 자필이력서에 "24세 5월 8일에 목적지인 상해에 상륙하였다"라고 적고 있는 것처럼 이날은 1931년 5월 8일이었다. 비록 자신을 맞이해주는 사람은 없었으나 목적지에 온 것만으로도 무척 기뻤다. 1930년 3월 6일 집을 나와 상해에 오기까지 14개월이 걸린 셈이다.

상해에서의 생활 역시 고단하였다. 청도에서의 생활을 마치고 망망대해를 건너 상해까지 왔지만, 그는 또 다시 타국의 광야에 버려진 이방인이었다. 그러나 한편으로 상해에는 대한민국임시정부가 있고, 백범 김구 선생을 비롯한 민족지도자들을 만날 수 있을 것이란 기대로 들떠 있었다. 그는 상해에 도착하여 처음에는 프랑스 조계 하비로霞飛路 화합방和合坊의 안명기의 집에서 한달 간 체재하였다. 그리고 5월 중순 한국교민단사무소에 가서 신고 수속을 하였다. 이곳에서 김구와 이유필 등을 만났다.

윤봉길은 상해에서 우선 생계를 해결하기 위하여 일자리를 구해야만 했다. 그는 인삼 장사가 적은 자본으로 이익이 많다는 말을 듣고 인삼 행상에 나섰다. 고려인삼은 중국에서 죽은 사람도 살린다는 영약 또는 신약으로 알려져 조선후기부터 중국으로 수출한 가장 중요한 품목이었다. 일제시기 역시 중국은 고려인삼의 주요 소비국이었는데, 특히 상해가 그 중심이었다. 그래서 상해의 한인들에게 고려인삼은 중요한 생계유지 수단이 되었다. 윤봉길은 상해에 온 직후 알게 된 친구의 권유로 인삼장사를 하게 된 것이다. 그런데 그가 들고 다닌 인삼은 한국에서 가져온 것이 아니라 상해의 큰 약재상에서 구입한 것으로 가격이 비쌌다. 또 그의 천성이 고집스럽고 무뚝뚝하여 고객의 마음을 사지 못하였다. 중국어도 서툴러서 오해를 살 때도 종종 있었다. 그래서 고객들로부터 거절만 당하고 부잣집 문지기들로부터 문전박대를 당하기가 일쑤였다. 결국 아무런 수익도 남기지 못하고 인삼 행상을 시작한 지 몇 달 만에 그만두고 말았다.

표류 2년에 고달픈 이 몸 회상컨대, 밤새 달을 보며 걸은 날步月立霄이 몇 번이고, 구름을 보면서 잠을 잔 날看雲眠日이 몇 번이던가. 지나온 수많은 어려운 감회는 말로 설명하기 어렵고 글로 쓰기가 어렵다.

그는 동생 남의에게 보낸 편지에서 고향을 떠나 상해에 오기까지의 어려움이 만 가지나 되어 필설로 표현할 수 없다고 하였으니 아마도 이때는 별다른 수입이 없을 때였던 것 같다.

윤봉길은 상해에 도착하여 세상의 변화가 너무나 심한 것을 보고 놀란 듯하다. 그는 이러한 시대에 고작 호구지책이나 해결하려고 거리를 헤매고 외국으로 흘러 들어온 자신을 한스럽게도 생각하였다. 그리고 자신의 앞길에 대하여 불안한 생각이 들었다.

"대세의 풍조와 세상을 살아가는 환경이 천변만화千變萬化로 변천됨을 측량하기 불능한 차제에, 미미한 우리 인생은 호구지책을 도모하기 난하여 생활의 양도를 연구하며 생활의 양방을 심득하기 위하여 포복소장匍匐簫墻하며 산류해외散流海外하는 인생이여, 과연 그 전도가 행일까, 불행일까?"

그가 상해에 도착한 직후인 1931년 7월에 만보산사건이 일어났다. 그는 사건의 소식을 듣고 일제의 간교한 침략성을 간파하였다.

보라, 금번 만보산萬寶山과 삼성보三姓堡의 사건을 보라. 그 원인이 어디로 비롯하였는고. 제1은 빼빼마른 삼천리 강산에서 생활의 고통과 경제의 구축으로 밀리어 나오게 된 것. 제2는 이 광대한 천지간 일배一杯의 지구상에 생존하는 그 자들이 자아를 고창하는 반면에 민족차별의 관념이다. ××××의 내용은 …… 절필絶筆

그가 동생에게 보낸 편지에서 만보산사건에 대하여 적고 있다. 만보산사건은 1931년 7월 2일 중국 길림성吉林省 장춘현長春縣 만보산지역에서 일제의 술책으로 조선인 농민과 중국인 농민이 벌인 유혈사태를 말한다. 윤봉길은 위 편지에서 만보산사건의 원인으로 첫째, 일제의 사회경제적 착취 둘째로는 일제의 민족 차별을 들고 있다. 그리고 그 차별로 인한 고통과 적대감을 차마 편지에 다 적을 수 없었다. 그래서 그는 "× × × ×의 내용은 …… 絶筆"이라고 적고 있다.

만보산사건은 일제의 만주 침략의 서곡이었다. 1930년대 들어 일본의 세력은 더욱 팽창하였다. 1929년 10월 24일 뉴욕 주식시장이 대폭락하면서 시작된 세계대공황으로 세계경제는 1933년까지 크게 침체되었다. 대공황이 발생하자 미국과 영국 등 선진국들은 보호무역주의를 채택하였으며, 그로 인한 타격을 입은 일본은 물가가 30%나 하락할 정도로 심각한 위기에 직면하게 되었다. 그러한 상황에서 일본은 국민들의 불만을 바깥으로 돌리기 위한 방안으로 대륙 침략의 눈길을 만주로 돌려 만보산사건을 일으킨 것이다.

장춘 근교 만보산 지역에서 보를 쌓고 수로를 파는 작업에 동원된 한국인들이 중국 농민의 땅을 침범하였다고 하여 중국 농민과 큰 충돌이 일어났다. 이 충동 과정에서 이주 한인들의 피해가 있었다. 이 사실을 『조선일보』 7월 2일 호외판에 '삼성보에 있는 200여 명의 동포와 중국 관민 800여 명이 충돌하여 조선 농민 다수가 살상되었다'고 보도하였다. 이는 상당 부분 허위 과장된 보도였다. 그러나 국내의 일부 민중들은 흥분하여 인천을 시작으로 서울·원산·평양 등 각지에서 화교에 대한 박해를 가하였다. 연일 폭력사태가 이어져 중국인 100여 명이 살해 당하는 참사가 일어났다. 이러한 사태가 중국에 전해지자 이번에는 중국에서 한인에 대한 인식이 극도로 안 좋아졌다. 만주지역을 중심으로 중국 전역에 걸쳐 한국인에 대한 박해도 일어났다. 이 사건은 일제가 만주지역의 중국인과 이주한인을 분열시키고 이를 이용하여 만주를 침략하려고 치밀하게 계획한 술책의 결과였다.

일제는 만보산사건을 일으키는 등 침략의 기회를 엿보다가 심양에서 유조호사건을 일으키고 만주 전역을 무력으로 침략한 만주사변을 일으켰다. 만보산사건 직후인 9월 18일 봉천(현재의 심양) 북동쪽 유조호 부근의 만주철로가 폭파되었다. 일본 관동군이 비밀리에 폭약을 매설하고 폭파한 것인데, 일제는 이를 중국군의 소행이라고 하고 인근의 중국군 병영인 북대영을 기습 공격하였다. 그리고 철도 보호라는 명목으로 관동군에게 철로 연변 지역을 장악하게 하고 만주 일대를 무력 점령해 갔다. 만주사변은 이렇게 일제의 치밀한 계략으로 일어난 것이다.

그는 한달 간 행상을 경험한 후, 한인 박진이 공장주인 프랑스 조계에 있는 종품공사의 직공으로 취직하였다. 이때부터 망지로望志路 북영길리 北英吉里 18호에 거처를 구했던 것으로 보인다. 그가 1931년 8월 15일 동생인 남의에게 편지를 보내 상해에서의 생활을 전했는데 종품髮品공사에서 근무하고 있음을 알려주고 있다.

남의 주머니에 금이 들었는지 똥이 들었는지 누가 알리오. 와서 보니 또 닥치는 금전곤란이다. 그럼으로 중국 종품髮品공사 직공이 되었다.

만보산사건을 풍자한 포스터

윤봉길은 종품공사에 취직하여 조금은 생활의 안정을 찾게 되었다. 종품공사란 말털로 모자를 만드는 공장을 말한다. 모자를 제조하는 것은 몇 달은 기술을 배워야 할 수 있는 쉽지 않은 일이었다. 그러나 윤봉길은 취직한 지 한 달도 안되어 능숙한 기술자가 되었다. 다른 사람은 하루에 보통 두 개 밖에 못 만들었지만, 그는 하루에 서너 개는 만들었다. 그래서 다른 사람은 하루에 1원 20전을 벌었지만, 그는 하루에 1원 50전을 벌었다.

그는 종품공사에 취직한 지 얼마 안되어 친목회를 조직하였다. 직공들이 지식이 얕고 이해심이 적어서 사소한 일에도 서로 질투하고 싸우는 것을 보았다. 직공이 17명이었는데, 공장안에서 싸움이 자주 일어나 유혈사건도 발생하였다. 대개가 돈과 관련되는 사소한 일 때문이었다. 종품공사는 한국인 박진朴震과 중국인의 합자로 출발한 회사였다. 그런데 서로간의 이익 배분 문제로 자주 충돌이 일어났다. 그래서 모자 제작에 필요한 원료의 공급이 늦어지는 일이 발생하였다. 그로인해 직공들이 자주 일을 쉬게 되어 급료가 들쭉날쭉해지는 등 생활이 불안정했다. 직공들은 자신들이 자본가와 공장장의 착취를 당하는지를 몰랐다. 또한 자신들이 어떻게 함께 단결하여 자신들을 착취하는 이들과 싸워야 하는지를 몰랐다. 그래서 윤봉길은 직공들로부터 존경을 받거나 생각이 있는 사람들을 모아 친목회 조직의 뜻을 말하자 모두 참여하기로 하였다. 이렇게 하여 친목회가 윤봉길의 주도로 조직될 수 있었다.

윤봉길과 친목회 간부들은 원료 공급이 일정하지 않은 것을 자체 조사했다. 그 결과 시국이 불안하여 원료 구매가 어렵다는 공장주의 말이 거짓임을 알게 되었다. 윤봉길과 친목회원들은 이를 알고 즉시 공장주에게 항의하고 다음 두 가지 사항을 지킬 것을 요구하였다.

1. 공장주 측 내부의 분쟁으로 직공들이 놀게 될 때는 공장주 측에서 이 전과 같이 봉급을 지불해 줄 것
2. 새로 들어온 견습생이 직공이 될 때까지 공장주 측에서 적당한 돈을 빌려주어 생활을 보장해야 할 것

윤봉길은 친목회의 회비로 중국과 한국의 신문과 잡지를 구독하여 직공들의 상식을 늘리는 데 사용하였다. 또 일부로는 신진 직공들의 생활비에 보탬이 되도록 도움을 주었다. 그는 남몰래 자신의 돈으로 생활이 어려운 직공들을 도와주기도 하였다. 직공들의 그에 대한 믿음은 커갔으며, 친목회의 지도아래 서로 단결하여 앞날의 생활을 보장받기를 희망하였다. 반면에 공장주측은 그를 경계하고 미워하게 되었다.

친목회가 생긴 다음부터 직공들 간에 서로 싸우던 일은 그쳐졌다. 나아가 서로 아끼고 사랑하는 분위기가 조성되었다. 이에 따라 하루에 5개 이상의 모자를 만들 정도로 생산량이 증가하였다. 그런데 공장주는 오히려 직공들의 임금을 낮추고자 모자 한 개를 제조하면 4각 5푼하던 것을 3각 5푼으로 낮췄다. 이에 분노한 윤봉길은 친목회 간부들과 공장주를 찾아가 모자 제조과정에서 원료가격과 시장 판매가 등을 수치로 보여주면서 직공들의 임금을 원상회복시킬 것을 요구하였다. 그러자 공장주는 오히려 윤봉길과 서상석徐相錫을 해고하였다. 직공들은 이 소식을

들고 '윤봉길과 서상석의 복직을 요구한다', '임금 내리는 일을 취소하라'는 구호를 외치면서 파업에 들어갔다. 안창호와 교민단장 이유필李裕弼이 주선하여 복직이 허용되는 듯하였으나, 중국인 공장주의 반대로 복직이 안 되었다. 윤의사가 체포된 후 일본 상해총영사가 본국의 외무대신에게 보낸 보고서에 의하면, 이 때가 1932년 2월경이었다.

이 과정을 통해 우리는 윤봉길의 노동운동가로서의 모습을 확인하게 된다. 그는 이미 월진회 활동을 통해 농민의 의식 개발을 이끌어내는 데에 능력을 발휘했었다. 그는 농민이 삶에 대한 주인의식을 갖고 자신의 운명을 스스로 개척하려는 의지를 가질 때만이 농촌이 부흥할 수 있다고 믿었다. 이러한 그의 신념은 상해에서의 노동 현장에서도 예외는 아니었다. 그는 자본가의 노동자 착취에 대한 치밀한 자료를 확보하여 노동자의 정당한 권리를 요구하는 데에 앞장 선 것이다. 그의 '운동가'로서의 리더쉽을 다시 한 번 확인할 수 있는 대목이다.

한편 1919년 거족적인 3·1운동 결과 상해에서 조직된 대한민국임시정부는 1923년 국민대표회의가 결렬됨에 민족독립을 위한 새로운 노력이 요구되었다. 이는 독립운동 세력의 대동단결을 목표로 하는 민족유일당운동의 계기가 되었다. 1920년대 후반 국내외에서 제국주의 세력에 맞서 민족의 역량을 하나로 통합하기 위한 민족유일당운동이 폭넓게 전개되었다. 이 운동은 1926년 7월 안창호가 민족대당 결성의 필요성을 주장하면서 시작되었다. 그러나 사회주의 진영과 민족주의 진영 간에 연합전선 방법과 이념상의 차이가 노정되었다 결국 1929년 11월 유일당운동을 주도해 온 상해촉성회가 해체를 선언함에 유일당운동은 결실을 맺지 못하였다.

1929년 민족유일당운동이 실패로 돌아가면서 임시정부를 비롯한 독립운동 세력은 더욱 침체의 늪에 빠졌다. 특히 만보산사건과 만주사변의 발발로 중국인들 사이에서 한국인을 앞잡이로 보는 경향이 생기면서 임시정부의 입지는 갈수록 좁아졌다. 김구가 백범일지에서 다음과 같이 언급하고 있음은 이를 잘 말해 준다.

한때 상해 우리 독립운동자의 수가 천여 명이었던 것이, 차차 줄어들어 겨우 수십 명에 불과하였다. 그러니 최고기관인 임시정부의 현상을 족히 짐작하고 남음이 있다.

1920년대 후반 임시정부는 무정부상태나 마찬가지로 위축되었다. 임시정부는 1927년부터 집단지도 체제인 국무위원제를 시행해 왔는데, 1930년 8월 이를 국무원제로 개편하고 김구를 국무령으로 선임하였다. 이는 임시정부 지도자들이 김구에게 임시정부를 회복시키라는 권고이자 명령이었다. 결국 김구는 이에 따라 8월 4일 국무령에 취임하여 윤기섭, 오영선, 김갑, 김철, 이규홍 등으로 내각을 구성하였다.

국무령의 책임을 맡은 김구는 임시정부의 재정 확보를 위하여 미주 동포들에게 편지로 임시정부의 상황을 극진하게 설명하여 성금을 보내 줄 것을 부탁하였다. 미주의 동포들은 비록 노동자들이 다수였지만 애국심이 강했다. 성금이 답지하기 시작하였다. 미주의 하와이와 미국 본토, 심지어는 멕시코와 쿠바의 교포들까지 애국금을 보내주었다. 안창호安昌鎬, 현순, 김호, 홍언, 송종익, 백일규 등이 이때 성금을 보내는데 앞장섰다.

한인애국단과 이봉창 의거

임시정부에서는 여러 차례 국무회의를 열어 일본의 이간 책동으로 악화된 한중 양 국민의 갈등을 일거에 해소하고 독립운동에 활기를 불어넣을 긴급대책으로 특무공작을 추진하기로 결정하였다. 김구는 임시정부의 결정에 따라 1931년 11월 의열투쟁을 전개할 특무조직으로 한인애국단을 결성하였다.

김구는 1931년 12월 중순에 이봉창을 불러 만났다. 김구가 이봉창을 처음 만난 것은 1년 전으로 거슬러 올라간다. 임시정부의 재무부장을 맡으면서 상해거류민단장을 겸임하고 있을 때였다. 이봉창은 김구를 찾아와서 독립운동을 하고 싶어 임시정부에 찾아왔다고 했다. 이봉창의 말이 절반은 일본어이고 동작도 일본인과 흡사하여 처음에는 조사할 필요가 있다고 생각되어 유심히 살폈다. 그러나 이봉창이 의기를 지닌 남아로서 살신성의의 큰 결심을 품고 상해로 온 것을 알게 되었다. 이봉창은 김구에게 다음과 같이 자신의 품은 듯을 토로하였다.

"제 나이가 31세입니다. 앞으로 31년을 더 산다 해도 과거 반생에서 맛본 방랑생활에 비한다면 늙은 생활에 무슨 취미가 있겠습니까. 인생의 목적이 쾌락이라면 31년 동안 인생의 쾌락은 대강 맛보았습니다. 그런 까닭에 이제는 영원한 쾌락을 얻기 위하여 우리 독립 사업에 헌신하고자 상해에 왔습니다."

김구는 이봉창의 '영원한 쾌락을 얻기 위하여 우리 독립 사업에 헌신하고자 상해에 왔다'는 말을 듣고 감동하여 벅차오르는 눈물을 금할 수 없었다고 회고하였다.

김구는 12월 11일 이봉창을 비밀리에 프랑스 조계에 있는 중흥여사中興旅舍로 초청하여 하룻밤을 같이 자면서 이봉창과 일왕처단 건을 이야기했다. 그리고 일본에 가는 문제를 협의하였다. 다음날 아침 김구는 품속에서 지폐 한 뭉치를 이봉창에게 주면서 일본 가는 준비를 하라고 하였다. 이틀 후인 12월 13일 김구와 이봉창은 중흥여관에서 마지막 밤을 함께 했다. 잠을 자면서 이봉창은 김구에게 다음과 같이 말하면서 자신을 신뢰하고 인정해준 데 감격해 했다.

"그저께 선생께서 해진 옷 속에서 많은 액수의 돈을 꺼내주시는 것을 받아가지고 갈 때 눈물이 나더이다. 일전에 제가 민단 사무실에 가보니 직원들이 밥을 굶는 듯하여 제 돈으로 국수를 사다 같이 먹은 일이 있었습니다. 그저께 자면서 하시는 말씀은 일종의 훈화로 들었는데, 작별하시면서 생각지도 못한 돈 뭉치까지 주시니 뭐라고 말을 못하겠더이다. 프랑스 조계에서 한 걸음도 나서지 못하는 선생께서는 제가 이 돈을 가지고 가서 마음대로 써 버리더라도 돈을 찾으러 못오실 터이지요. 과연 영웅의 도량이로소이다. 제 일생에 이런 신임을 받은 것은 선생께 처음이요, 마지막입니다."

김구는 다음 날 아침 미리 준비한 폭탄 두 개와 돈 300원을 이봉창에게 주었다. 김홍일이 중국의 병공창에서 구한 폭탄이었다. 김구는 이봉창에게 폭탄을 주면서 하나는 일본 천황을 폭살하는데, 다른 하나는 자살용으로 사용하게 하였다. 이봉창은 안공근 집에 가서 애국단 입단 선서식을 하고 사진관에서 김구와 함께 기념 사진을 찍었다.

태극기 앞에 선 이봉창

그로부터 10여일 후 동경에서 전보가 왔다. 1월 8일 물품을 방매하겠다는 내용이었다. 200원을 다시 부쳐주었더니 그 후 다시 편지가 왔다.

"돈을 미친 것처럼 다 써버려서 주인 댁에 밥값까지 빚이 져 있었는데, 200원을 받아 다 갚고도 돈이 남겠습니다."

1932년 1월 8일 중국 신문에 이봉창의 일왕저격의거에 대한 기사가 났다. 그중에도 국민당의 기관지인 청도의 『민국일보』를 비롯하여 복주, 장사 등 여러 지방의 신문에서 '한인 이봉창이 일본 천황을 저격하였으나 명중하지 못하였다韓人李奉昌狙擊日皇不中'라고 기사를 내보냈다. 이 때문에 일본 군경이 민국일보사에 쳐들어가 기물을 파기하였다. 일본은 이 기사에 대하여 중국 정부에 항의하였고, 그 때문에 중국 정부에서는 어쩔 수 없이 이 신문사들을 폐쇄 처분하고 사태를 봉합하였다.

이봉창의사의 동경의거가 전세계로 전파되었다. 미주, 하와이, 멕시코, 쿠바 등지의 동포들이 흥분하여 임시정부의 김구 앞으로 격려의 편지와 함께 독립 사업에 써달라면서 애국헌금이 속속 답지하였다.

일제는 1932년 1월 28일 결국 상해사변까지 일으켰다. 만주를 점령한
일제는 괴뢰정부인 만주국 건설을 강행하는데 국제사회의 비난 여론을
다른 곳으로 돌리기 위해 해군 육전대와 군함, 항공기를 동원해 1932년
1월 28일 밤 상해에 진을 치고 있는 중국군 제19로군을 공격하여 상해
사변을 일으킨 것이다. 일제는 초기의 전세가 불리하자 3개 사단을 추가
파병하고 퇴역 장성인 시라카와 요시노리白川義則를 총사령관을 임명하여
지휘하게 하였다.

　윤봉길은 자신이 몸담고 있는 상해에서 전쟁이 벌어지는 상황을 목격
하였다. 그가 1월 31일 어머니께 보낸 편지에서 "놀라지 마십시오. 너무
염려하시지 마십시오"라고 말문을 열고 마치 상해에서의 전투 장면을
실황 중계하듯 실감나게 전했다.

　아시아 하늘에 바야흐로 몽롱한 거먹 구름이 널리 퍼져 세계 도시인 상해
에도 덮혔습니다. 29일 오전 3시부터 어지러웠습니다. 고요히 잠자던 콜
콜 코 불무 소리는 아이 어이하는 울음 소리로 변하였습니다. 비행기 소
리는 우르르, 대포소리는 쾅쾅, 기관총 소리는 호도독 호도독 콩 복었습
니다.

그에게 이 전쟁의 포화는 중화민족의 힘과 일본 민족의 힘이 충돌하는 소리로 들렸다. 29일 터진 포화는 30일 오후부터 31일 아침까지 잠시 소강상태였다. 윤봉길은 이때 어머니께 급히 편지를 쓴 것이다. 편지에서 "비행기 열네 대가 공중을 울리며 시위를 하고 있습니다"라고 한 것으로 보아 그가 편지를 쓰는 당시에도 일본군 비행기가 상해 상공을 시위하고 있었다. 그리고 상해사변 첫날인 29일의 전황을 "일본군 비행기 다섯 대가 떨어졌다 한다. 철갑차도 세대 뺏기고, 기관총도 몇 대 뺏긴 모양"이라고 적고 있다. 이로보아 일본의 전세가 반드시 유리하지는 않았던 것 같다.

또한 윤봉길은 편지에서 '병대 800여 명 죽고 중국 측은 압북(갑북의 오기)지방은 불로 거의 다 태워지고 민중의 사상자는 무수한 모양임'이라고 하였다. 실제로 일본군의 공격으로 중국 제19로군의 채진개蔡進鍇 부대와 제5군 장치중張治中 부대가 용감히 싸워 전투는 자못 격렬하였다. 그런데 편지에서 언급하고 있듯이, 일본군은 상해 갑북閘北에서 불을 지르고 중국 민간인을 잔인하게 죽이는 만행을 저질렀다. 편지는 이어서 "공공조계와 법조계 내에는 아직 아무 염려 없습니다. 29일 아침 법조계에도 폭탄 다섯 개나 떨어져 사상자가 10인 가량"이라고 하여 프랑스 조계에도 폭탄이 떨어져 10여명의 사상자가 있었음을 알려준다. 그는 편지의 말미에서 조계내의 각 경계선마다 철망을 쳐놓고 패잔병을 못 들어오게 하고 있으니 염려하지 말라는 말로 마치고 있다.

한편 이봉창에게 폭탄을 제조해준 김홍일(1898~1980)은 일본군함 출운호 폭파계획을 세웠다. 김홍일은 평북 용천 출신으로 귀주강무학교貴

州講武學校를 졸업한 후 1926년 중국 국민혁명군에 입대하여 상해공병창 군기처주임으로 있었다. 그는 상해사변이 터지자 중국군 19로군 정보국 장을 겸임하게 되었다. 정보국의 주요 업무는 일본군의 군사 정보를 수 집하고, 수집한 정보에 따라 일본군 군사시설을 파괴하는 것이었다. 그 는 김구와 협의하면서 정보를 수집한 결과 황포강에 정박하고 있는 출 운호出雲號가 일본군의 작전사령부라는 정보를 입수하고 출운호를 폭파 시키기로 계획하였다. 그러나 중국인 잠수부 두 명을 고용하여 시도했 으나 실패하였다. 그는 이어서 일본군 비행장 격납고와 무기창고 폭파 계획을 세웠다. 그런데 이곳에는 일체 외부인의 출입이 통제되었다.

윤봉길은 이 일을 하기 위하여 일본유학생 몇 명과 함께 일본인으로 위장하고 탄약창고의 일자리를 얻는데 성공하였다. 그런데 창고에 들어 갈 때는 철저한 몸 수색을 했는데, 노동자들의 도시락과 물통만은 조사 하지 않았다. 그래서 고안한 것이 도시락과 물통형 폭탄이었다. 김홍일 은 자신의 처를 시켜 수차에 걸쳐 일본인 도시락과 수통을 구입하여 모 두 16개의 도시락과 물병을 준비할 수 있었다. 김홍일은 중국인 왕백수 에게 도시락과 수통에 넣을 폭탄을 고안하도록 했는데 시계장치가 미비 하였다. 이러할 즈음, 상해사변이 끝나고 말았다. 윤봉길은 뜻을 이루지 못함을 개탄하고, 유학생들은 일본으로 돌아갔다. 그로부터 얼마 후 새 로운 기회가 찾아왔다. 다름 아닌 4월 29일의 천장절 행사 소식이었다. 도시락과 수통형 폭탄 계획은 이렇게 유효 적절하게 살릴 수 있게 된 것 이다.

윤봉길은 종품공장을 뛰쳐나온 후 1932년 3월부터 프랑스 조계 마랑로 보경리普慶里 23호 전차검표원 계춘방桂春方의 집에 기숙하면서 홍구시장에 나가 가게 하나를 빌려서 밀가루와 채소 장사를 하였다. 그는 항상 남루한 옷차림이었다. 그러나 어느 누구에게도 굽신거리지 않고 당당하게 대로를 활보하였다.

윤봉길은 4월 20일 드디어 김구를 찾아갔다. 백범 김구와는 종품공사에 있던 1931년 7월 처음 만났다. 신문조서에 의하면, 서문로와 마랑로의 교차점에 있는 찻집 사해다관四海茶館에서 처음 만났다 한다. 김구가 상해에는 어떤 목적으로 왔느냐고 묻자 그는 독립운동의 본부가 상해에 있다고 하여 왔다고 대답하였다. 김구는 역사적인 이날을 다음과 같이 말하고 있다.

어느 날 동포 박진의 종품공장에서 노동자로 일한 적이 있는 윤봉길군이 홍구시장에서 채소장사를 하다가 조용히 나를 찾아왔다.

이날 윤봉길은 김구에게 죽을 자리를 구하고 있다고 다음과 같이 말했다.

제가 채소 바구니를 등 뒤에 메고 날마다 홍구 방면으로 다니는 것은 큰 뜻을 품고 천신만고 끝에 상해에 온 목적을 달성하기 위해서입니다. 그런데 중일전쟁도 중국에서 굴욕적으로 정전협정이 성립되는 형세인즉, 아무리 생각해 보아도 마땅히 죽을 자리를 구할 수 없습니다. 그렇지만 선생님께서는 동경 사건과 같은 경륜이 계실 줄 믿습니다. 저를 믿으시고 지도하여 주시면 은혜는 죽어도 잊지 못할 것입니다.

김구는 윤봉길의 결심을 듣고 감복하였다. 그가 윤봉길을 종품공장에서 보았는데, 처음에는 진실한 청년 노동자로 학식은 있으나 생활을 위해 노동을 하겠거니 생각하였다. 그런데 이렇게 마음을 터놓고 이야기해보니 몸을 바쳐 큰 뜻을 이룰 의로운 대장부였던 것이다. 윤봉길은 그 후로도 매월 2~3회 그 찻집에서 김구를 만나 독립운동에 토론하는 등 서로 마음을 주고받는 사이였다.

아나키스트 정화암은 윤봉길과 김구의 만남을 이렇게 회고하고 있다.

윤의사는 위대한 애국자입니다. 그는 원래 상해에 와서 일본 상점에도 있었어요. 백범을 찾아갔는데 임정을 보고 백범을 찾아간 것이 아니라 상해 거류민단장 백범을 보고 찾아간 것으로 나는 알고 있지요. 그래서 윤의사가 자기 포부를 이야기합니다. 이봉창의사처럼 왜의 고관을 죽이는 의거를 하고 싶다고. 다른 사람들은 그런 얘기를 들어도 믿지 않았지만 백범은 믿었어요. 그래서 꿰매어 놓았던 주머니를 열고 준비하는데 쓰라고 돈을 풀어서 다 줍니다. 나중에 백범이나 윤의사나 돈이 없지요. 그러면 백범이 '야 잘 곳이 없으면 나하고 같이 자자'고 하면서 박스호텔Box Hotel로 데리고 갑니다. 박스 호텔 즉 상자 여관은 상해에 있어 본 사람이나 알 수 있는 하급 여관입니다. 꼭 상자처럼 만들어 놓은 곳에서 한 사람씩 자는데 1인당 10원인가 그랬어요. 잠은 거기서 자고 양춘면이라고 5원 짜리 또는 10원짜리 국수 한 그릇씩 먹었어요. 그러면서 윤의사와 다닌 분입니다.

김구는 윤봉길과 함께 4월 29일 있을 일본군의 천장절 경축식을 특공 작전을 감행할 절호의 기회로 판단하였다. 왜냐하면 이날의 경축식에는 상해 주둔 일본군사령부의 총사령관 이하 군정 수뇌부들이 모두 참석할 것이기 때문이었다. 이 특공 작전이 성공만 한다면 중국군 30만 명이 막대한 희생을 하면서도 이기지 못한 일본군 총사령부 전체를 폭파시켜 버리는 전과를 낼 수 있기 때문이었다.

윤봉길은 이 작전에 자원하였다. 김구는 무거운 마음으로 회심의 미소를 지으면서 거사를 책임질 것을 위임하고 중국 돈 200원을 주면서 거사 준비를 하도록 했다.

"저는 이제부터 가슴에 한 점 번민이 없어지고 마음이 편안해집니다. 준비해주십시오."

김구는 임시정부 국무령으로서 4월 26일 국무회의를 소집하였다.

"오는 4월 29일 홍구공원에서 일본 육군의 열병식이 거행되므로 윤봉길의사를 이용하여 폭탄을 투척케 하여 재차 중일전쟁을 발발시키도록 계획을 진행하였다."

김구는 4월 29일의 거사 계획을 보고하였다. 이에 대하여 일부 국무위원이 이러한 사건이 결행된다면 조선인은 상해에 거주할 수 없게 될 것이라는 이유로 반대가 있었다. 그러나 김구는 윤봉길에게 조선인이라는 것을 일체 소지하지 말고 결행과 동시에 자살할 것을 명령해 놓았으니 염려하지 말라고 설명하여 만장일치로 가결시켰다. 이에 대하여 『백범일지』에는 "나 이외에 이동녕·이시영·조완구 등 몇 명만 이 사실을 짐작하였을 뿐이고, 그날의 거사는 나 혼자만 알고 있었다"라고 기록하고 있다.

윤봉길은 4월 26일 한인애국단에 가입하였다. 그는 혈서로 다음과 같은 선서문을 썼다.

나는 적성으로써 조국의 독립과 자유를 회복하기 위하여 한인애국단의 일원이 되어 중국을 침략하는 적의 장교를 도륙하기로 맹세하나이다.

대한민국 14년 4월 26일 선서인

윤봉길

한인애국단 앞

윤봉길은 이날 사진 촬영도 할 예정이었으나 일기가 나빠 다음 날로 연기하였다. 김구는 윤봉길에게 숙소를 동방공우로 옮기도록 하였다. 그리고 일본군 시라카와 대장과 우에다 중장의 사진을 구하여 그 얼굴을 익히도록 하였으며 일본 보자기 1장을 구해두도록 하였다.

윤봉길은 다음 날인 4월 27일 경축식이 있을 홍구공원을 사전 답사하였다. 이때 그는 이화림과 함께 부부 행세를 하고 공원 안을 정찰하였다. 이화림의 증언에 따르면, 윤봉길

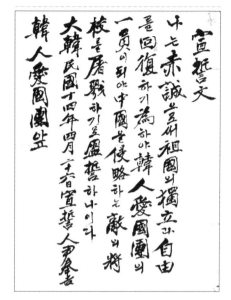

윤봉길의사 선서문

이 연한 색 양복을 입었다 한다. 사열대 만드는 것을 보고 근처까지 가서 거사할 적당한 위치를 골랐다 한다. 윤봉길은 이틀 후에 있을 거사를 생각하며 다음의 시를 읊었다.

27일, 신공원에서 답청踏靑하며

처처萋萋한 방초芳草여

명년에 춘색이 있으거든

왕손王孫으로 더불어 같이 오게

청청靑靑한 방초여

명년에 춘색이 일으거든

고려 강산에도 다녀가오

다정한 방초여

금년 4월 29일에

방포일성放砲一聲으로 맹서하세

그리고 나서 윤봉길은 공동조계 오송로의 일본인 상점에 가서 일본 보자기 1장을 구입하고 숙소를 불조계 패륵로貝勒路에 있는 호텔 동방공우東方公寓 30호로 옮겼다. 그리고 숙박부에 자신의 이름을 이남산이라 적고, 국적은 한국, 나이는 25세라고 적었다.

이날 저녁 7시 30분에 김구가 동방공우를 방문하였다. 윤봉길은 공원에 갔다 온 이야기를 말했다.

"오늘 홍구에 가서 식장 설비를 구경하였는데, 시라카와 놈도 왔습디다. 제가 그놈 곁에 섰을 때 '어떻게 내일까지 기다리나. 오늘 폭탄을 가졌더라면 이 자리에서 당장 쳐죽일텐데'하는 생각이 문득 들었습니다."

그러자 김구는 이렇게 말해주었다.

"나는 이번 거사가 확실히 성공할 것을 미리 알고 있소. 군이 일전에 하던 말씀 중 이제는 가슴의 번민이 그치고 편안해진다는 것은 성공의 확실한 증거라 믿소. 돌이켜 보면 내가 치하포에서 쓰치다를 죽이려 했을 때 가슴이 몹시 울렁거렸지만, 고능선 선생이 가르쳐 주신 '가지 잡고 나무를 오르는 것은 기이한 일이 아니나得樹攀枝無足奇, 벼랑에 매달려 잡은 손을 놓는 것은 가히 장부로다懸崖撒手丈夫兒'란 구절을 떠올리니 마음이 가라앉았소. 군과 내가 거사하는 심정은 서로 같은 것 아니겠소."

윤봉길은 김구의 이 말을 가슴에 새겨들었다. 그리고 김구와 함께 패륵로貝勒路 신천상리新天祥里 20호의 안공근의 집으로 가서 양복을 입고 사진을 찍었다. 단신 사진 1장, 가슴에 선언문을 펴붙이고 왼손에 폭탄, 오른손에 권총을 들고 태극기를 배경으로 한 사진 1장, 그리고 김구와 함께 찍은 사진 1장 등 모두 3장의 기념사진을 찍었다. 김구는 폭탄에 대하여 설명하고 폭탄은 29일 아침에 전달할 것이라는 설명했다. 그리고 다음 날(28일) 중국기독교청년회관에서 다시 만나기로 약속하고 헤어졌다.

4월 28일 정오에 김구와 조계내의 팔선교八仙橋 대세계大世界 근처인 중국기독교청년회관에서 만나 술과 점심을 먹었다. 그리고 일본인 상점에 가서 시라카와 대장과 우에다 중장의 사진 1장씩과 일장기도 구입해서 숙소로 돌아왔다. 저녁을 먹고 상념에 잡혀있던 중에 김구가 다시 찾아왔다. 후일을 위하여 자신의 이력서와 유서를 써달라는 것이었다. 윤봉길은 자서약력과 김구선생을 기리는 시 1편, 조국 청년들에게 남기는 시 1편, 두 아들에게 남기는 시 1편을 써서 김구에게 전하였다. 이 글들을 쓰게 된 배경을 윤봉길은 신문조서에서 다음과 같이 말하였다.

나의 자식에 대한 유서 및 한국 청년에 대한 나의 감상을 수필로 쓰고 끝으로 내가 금년 4월 27일 오후 1시경 상해 신공원 식장을 미리 조사하러 갔을 때 내가 밟은 잔디가 그대로 일어서지 못하는 것도 있고 또 다시 일어서는 것도 있었다. 그것을 보고 나는 인간도 또한 강한 자로부터 유린

의거 전 김구와 윤봉길

되었을 때 이 잔디와 하등 변함이 없다고 생각하고 대단히 슬픈 감정이 샘솟아 났다. 그 감정을 유서로 썼다.

윤봉길은 '이력서'라고 쓰고 본적과 본관을 쓰고 부모 이름을 썼다. 그리고 자신의 생년을 '무신년 5월 22일(서력 1901년)'이라고 적었다. 그런데 그의 실제 생일은 5월 23일이다. 한 획을 빠뜨리고 적은 것이다. 또 '무신년'은 서기로 1908년인데, 그는 1901년이라고 잘못 적었다. 거사를 하루 앞두고 지난 25년의 일생을 회고하면서 그가 얼마나 긴장하고 있었는지를 알 수 있는 대목이다.

그가 체포된 후 신문을 받을 때 '김구로부터 갑자기 요구되어 쓴 것이므로 연차에 다소 틀린 것이 있다'고 하였다. 그는 이어서 '7세에 사숙에 들어가 8, 9명 동기 중에서 총명하였음으로 선생과 이웃 동리의 부형들로부터 재동이라고 불렸다'라는 말로 시작해서 자신의 약력을 쓰기 시작하였다. 15세 때 지은 '학행'이란 시도 적었다. '시량동가'도 적었다. 그리고 수화水火에 빠진 사람을 보고 그대로 태연히 앉아볼 수 없어 귀에 쟁쟁거리는 상해 임시정부를 향해 압록강을 건너 청도를 거쳐 상해에 왔음을 적었다. 그리고 마지막에 '유족遺族'이라 쓰고 부모님, 처, 큰 아들과 작은 아들의 이름과 생년 등 가족사항을 적었다. '가족'이라고 쓰지 않고 그는 '유족'이라고 썼다. 그는 이미 자신은 세상에 없는 고인으로 간주한 것은 아닌지 하는 생각이 든다.

그는 이어서 두 아들과 조국의 청년들에게 남기는 유서를 썼다. 아들에게 남긴 유서는 다음과 같다.

윤봉길 친필 이력서

강보에 싸인 두 병정에게 – 모순, 담

너이도 만일 피가 있고 뼈가 있다면 반드시

조선을 위하여 용감한 투사가 되어라

태극에 깃발을 높이 드날리고 나의

빈 무덤 앞에 찾어와 한 잔

술을 부으라

그리고 너의들은 아비 업슴을 슬퍼하지 마라

사랑하는 어머니가 잇으니 어머니의 교양으로 성공자를

동서양 역사를 보건대

동양으로 문학가 맹가가 있고

서양으로 불란서 혁명가 나푸레옹이 잇고

미국에 발명가 에듸슨이 있다

바라건대 너의 어머니는 그의 어머니가 되고

너의들은 그 사람이 되어라

이 유서는 이미 그가 1930년 청도에서 큰 아들 모순에게 보낸 편지에서 언급한 내용이다. 이미 그는 청도에서부터 아들과 부인에게 유서를 편지로 보낸 것이었다.

이어서 조국의 청년들에게 보낸 다음과 같은 유서를 썼다.

피끓는 청년제군들은 아는가

무궁화 삼천리 우리 강산에

왜놈들이 왜 와서 왜 걸대나

피끓는 청년제군들은 모르는가

돼놈 되 와서 되가는데

왜놈은 와서 왜 아니 가나

피끓는 청년제군들은 잠 자는가

동천東天에 서색曙色은 점점 밝아오는데

종용한 아침이나 광풍이 일어날 듯

피끓는 청년제군들아 준비하세

군복 입고 총 메이고 칼 들며

군악 나팔에 발맞추어 행진하세

그는 마지막으로 백범 선생에게도 유서를 남겼다. 다음과 같은 한시로 김구가 외롭게 민족을 위해 헌신하는 의기를 칭송하였다.

높고 웅장한 청산이여 만물을 품어 기르는도다

巍巍靑山兮 載育萬物

저 멀리 우뚝 선 푸른 소나무여 사시장철 변함이 없도다

杳杳蒼松兮 不變四時

번쩍번쩍 빛나는 봉황의 날음이여 천길이나 드높게 날아오르도다

濯濯鳳翔兮 高飛千仞

온 세상이 모두 흐림이여 선생만은 홀로 맑아 있도다

擧世皆濁兮 先生獨淸

늙을수록 더욱 강건해짐이여 오직 선생의 의기뿐이로다

老當益莊兮 先生義氣

참고 견디며 원수 갚을 날을 기다림이여 선생의 붉은 정성이로다

臥薪嘗膽兮 先生赤誠

윤봉길은 이를 쓰는데 2시간 반이나 걸렸다. 그는 이력서와 유서가 담긴 수첩을 김구에게 전달하였다. 김구는 이를 보고 '군은 참으로 소양

이 있구나'라고 말하고, 윤봉길을 프랑스 조계 화룡로華龍路 원창리元昌里 13호의 김해산 집으로 데리고 갔다. 그곳에서 김구는 도시락 폭탄과 멜빵이 달린 수통형 폭탄의 사용법을 알려주었다. 이 폭탄은 중국군 제19로군 병기창 주임으로 복무하고 있던 김홍일에게 부탁하여 중국인 기술자 왕백수王伯修가 특별히 제조한 고성능 폭탄이었다.

왕백수는 당시 중국군이 독일과 러시아에서 수입해 사용하던 점화장치에 무쇠로 외피를 입히고 이를 도시락 상자와 물통에 넣어 위장한 폭탄을 만들었다. 김구는 윤봉길이 찾아와 거사를 자원하고 가자, 김홍일을 만나 폭탄 제조를 부탁하면서 도시락과 수통형 폭탄을 의뢰하였던 것이다. 그것은 일본 상해영사관에서는 이날 행사가 장시간에 걸쳐 진행됨에 따라 『일일신문』에 일본인들에게 다음과 같이 도시락과 물병을 지참하고 입장할 것을 광고하였기 때문이었다.

4월 29일 홍구공원에서 천장절 축하식을 거행한다. 그 날 식장에 참석하는 자는 물병 하나와 도시락, 일본 국기 하나씩을 가지고 입장하라

며칠 후 김구는 김홍일의 통지를 받고 병공창에 가서 폭탄 실험장면을 목격하였다. 마당 한 가운데 토굴을 파고 네 벽을 철판을 두른 후 그 속에 폭탄을 장치하였다. 그런 후 뇌관 끝에 긴 끈을 잇더니 한 명이 끈을 끌고 수십 보 밖으로 나와서 노끈을 잡아당겼다. 그러자 토굴 속에서 펑하며 벼락치는 소리가 나고 파편까지 튀었다. 뇌관 20개를 실험하여 20개 전부가 폭발한 후에야 실물을 장치하는 것이라 하는데, 이번 실험

은 양호하다는 것이었다. 상해 병공창에서는 이 폭탄을 무료로 제공해주었다. 그것은 이봉창 의거 때 폭탄이 안터져 일왕을 폭살시키지 못한 것을 유감으로 생각하고 있었기 때문이었다.

상해의거일 아침

드디어 4월 29일이 밝았다. 아침 일찍 김구가 찾아왔다. 윤봉길은 김구와 함께 김해산의 집으로 가서 마지막 아침밥상 앞에 마주 앉았다. 김구와 윤봉길은 담담하게 아침밥을 먹었다. 집 주인은 김구에게 "하필이면 이 중요한 때 윤군을 구태어 다른 곳으로 파견하십니까"라고 상해에 머물면서 민족 운동을 하게 할 것을 권고하였다. 김구가 전날 밤에 김해산에게 윤봉길에게 중대 임무를 띄워 동북3성으로 파견할 터이니 소고기를 사다가 새벽 아침을 부탁한다고 했기 때문이었다.

아침을 마치자 7시를 알리는 종소리가 들렸다. 윤봉길은 자신의 시계를 풀어 김구에게 드리며 시계를 바꾸자고 하였다.

"제 시계는 어제 선서식 후 선생님의 말씀에 따라 6원을 주고 구입한 것인데, 선생님 시계는 불과 2원짜리입니다. 저는 이제 1시간 밖에 더 소용없습니다."

윤봉길은 김구로부터 도시락과 수통형의 폭탄을 건네받고, 하비로까지 걸어가서 법대기차공사法大汽車公司에서 자동차를 불러 탔다. 그는 마지막 길을 떠나면서 가지고 있던 돈을 꺼내 김구의 손에 쥐어 주었다. 김구는 자동차를 탄 윤봉길에게 '후일 지하에서 만납시다'라고 목메인

소리로 작별했다. 윤봉길은 차 안에서 김구를 향하여 머리를 숙였다. 자동차는 엔진소리를 울리면서 홍구공원을 향해 질주하였다. 김구와 윤의사와의 역사적인 마지막 장면을 『도왜실기』에서는 다음과 같이 실감나게 묘사하고 있다.

윤봉길이 김구에게 준 시계(보물 제568호)

늙은 공인은 비장한 어조로 청년에게 말하되 "그대의 목숨은 머지 않아서 이 세상을 떠날 것이다. 나는 조국의 광복과 민족의 자유를 위하여 위대한 희생자가 되려는 군에게 혁혁한 성공이 길이 길이 군과 함께 머물러 있기를 충심으로 비는 바이다. 단지 최후로 군에게 한마디 하고 싶은 것은 우리의 적은 왜놈 뿐이니 오늘 이 일을 실행함에 있어서는 어데까지나 신중히 해야 할 것이고 결코 왜놈 이외의 외국 인사에게 해를 가하지 않도록 해달라는 것이다. 자! 폭탄을 두 개 주니 한 개로는 적장을 거꾸러뜨리고 또 한 개로는 그대의 목숨을 끊으라"

청년이 대답하여 말하되, "삼가 가르침을 준수하겠나이다. 바라옵건대 선생께서는 나라를 위하여 몸을 삼가시고 끝까지 분투하옵소서"

늙은 공인은 또 다시 말을 이어, "군이여! 군과 나는 다시 지하에서 만나세!"

이에 두 사람은 악수를 마치고 서로 갈리니 뜨거운 눈물이 하염없이 쏟아질 뿐이었다. 아! 이날! 이 비장한 장면을 본 사람이 또 누구이랴?

윤봉길은 김구와 이별하고 홍구공원을 향했다. 오전 7시 50분경에 홍구공원 입구에 차를 내렸다. 윤봉길은 공원의 정문으로 입장하였다. 중국인 문지기가 입장권을 제시하라고 하였지만, 그는 '나는 일본인이다. 입장권 따위가 왜 필요한가'라고 일축하고 그대로 장내로 들어갔다. 그가 아침 일찍 들어간 것은 이른 시간에는 중국인 수위가 경비한다는 것을 알아내고, 입장권이 없는 상태에서 중국인에게 일본인처럼 보여 입장하기 위한 때문이었다. 이때 그는 당시 일본인들 사이에서 유행하던 양복과 스프링코트를 입었다. 거기에 일본 보자기로 싼 도시락과 일본 수통을 메었으니 중국인 경비의 눈으로 볼 때는 틀림없이 일본인으로 보였을 것이다. 윤봉길은 홍구공원에 들어가는데 성공하였다. 그는 식단의 뒤편으로 자리 잡았다. 이틀 전에 보아 둔 장소였다.

윤봉길이 홍구공원까지 한 여인이 동행했다는 말도 전해진다. 바로 후일 조선의용대의 여전사가 된 이화림을 말한다. 그러나 이는 사실이 아닌 것으로 보인다. 『근대중국조선족녀걸』(1995)에 이화림과의 대담 내용이 실려 있는데, 그는 애국단의 주요 멤버로서, 윤봉길과 함께 일본인 부부로 가장하여 27일에 홍구공원을 답사하고 거사할 장소를 물색까지 하였다. 그러나 두 사람을 한꺼번에 잃을 순 없다며 김구가 간곡히 말리는 바람에 거사 당일에는 함께 가지는 않았다 한다.

이화림의 본명은 이춘실로 1905년 평양에서 태어나 유치원교원학교에 다니던 그가 독립운동에 뜻을 두고 상해로 간 건 25살 때였다. 김구가 이끄는 애국단에 자원한 그는 김구의 신임을 얻어 비서로 늘 가까이서 일했기 때문에 두 사람이 애인사이란 소문이 날 정도였다. 이화림은 이때 이봉창과 윤봉길을 만났다. 이봉창이 일본으로 갈 때 폭탄을 '훈도시'에 숨겼는데, 그 훈도시는 이화림이 직접 만들어준 것이라 한다. 이화림은 윤봉길 의거 후 광저우로 가서 그곳의 중산대학에서 법학과 의학을 공부하다가, 김원봉이 조직한 민족혁명당에 가입하고 민족혁명당의 군사조직인 조선의용대 대원이 되어 태항산 전투에 참여한 것으로 알려진다.

윤봉길은 거사 전날인 4월 28일에도 홍구공원에 갔다. 이때는 김홍일과 함께 갔던 것 같다. 김홍일이 쓴 『대륙의 분노』에 의하면, 4월 28일 일본군의 예행 연습을 구경갔었다. 그는 중국인으로 가장하고 공원 앞의 중국집 2층에 올라가 예행연습하는 것을 자세히 지켜봤다 한다. 식단은 그 높이가 약 7, 8척은 되어 보였다 한다. 식단 위에 10여 개의 귀빈용 의자가 있었고, 식단 앞에는 학생 석과 군대 석, 그 주위에 민간인 석으로 배치하였다. 식단 뒤에는 넓은 공터가 있었는데, 그곳에는 식단을 경비하는 헌병만을 드문드문 배치해 놓은 것을 보았다. 그리고 거사 계획을 협의하였다. 우선 거사 시각은 식이 거의 끝날 때로 잡았다. 그것은 식이 끝날 때는 경비원들의 긴장이 풀려 경계심이 헤이해질 것으로 본 때문이었다. 그리고 이목이 전방에 쏠려 있는 틈을 이용하여 경계가 비교적 허술한 식단의 뒤편에서 폭탄을 던지는 것으로 하였다. 거사의 성공을 위한 치밀한 사전 답사였다.

홍구공원에서 개최된 기념식은 일왕의 생일을 축하하는 천장절과 상해사변의 승리를 축하하는 전승축하식을 겸했다. 행사장에 들어오는 일본인들은 손마다 일장기를 들고 공원으로 몰려들었다. 공원의 정문은

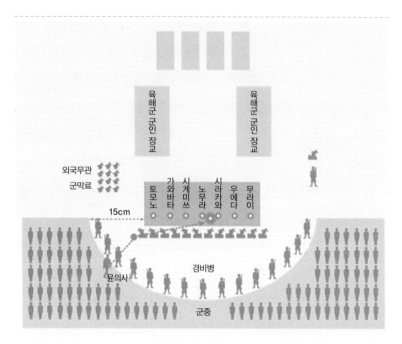

식장 배치도

화려한 색깔의 천으로도 장식되었고, 일본 해군기와 육군기를 게양하였
다. 정문 옆에는 홍색 천 위에는 '경축만세 만만세'라고 써 내걸었다. 공
원 안에는 상해거주 일본인 1만 명이 입장했다. 거기에 상해파견 일본군
제9사단과 해병대 병력 1만 2천 명, 그 외에 각국의 사절과 각계 초청자
를 합하여 3만여 명의 군중이 법석을 이루었다.

　기념식은 2부로 나누어 진행되었다. 1부는 열병식으로 홍구공원 바
로 옆에 있는 북사천로의 일본인 소학교에 집결하여 예행 연습을 마친
군인들은 오전 8시 30분부터 정문을 통해 행사장으로 입장하였다. 열병

식에는 육군에서 제9사단의 기관총부대, 기병대, 보병대, 야포대, 치중대 등 6천 명, 해군에서는 장갑차 6대를 비롯하여 기계화자전거부대, 의무대 등 3천 명, 그리고 이외에도 헌병대 1천여 명 등 1만여 명이 동원되었다. 육군 장갑차 14대와 기병처 소속 오토바이가 행사장에 입장하는 군인들의 선도 역할을 하였다. 행사장 사방에는 무장한 순경들이 삼엄한 경비망을 펼쳤다.

시라카와를 비롯한 시게미쓰, 우에다, 노무라 등 줄지어 사령대에 올라 일자형으로 도열하였다. 천장절을 경축하는 군악대의 주악이 있은 후, 시라카와를 비롯한 주요 인사들의 연설이 있었다. 연설이 끝 난 10시 30분부터 열병식이 이어졌다. 각 차량부대가 먼저 분열을 마치고 보병의 분열과 행진이 있었다. 분열에 참가한 병사들은 사령대와 검열관 앞을 지나갈 때 모두 거총자세로 목례를 하였다. 행사장 상공에는 18대의 비행기가 저공으로 곡예비행을 하면서 분위기를 달구었다. 11시 20분경 열병식이 모두 끝났다.

이어서 2부 축하식이 거행되었다. 시라카와, 우에다, 노무라 등은 다시 사령대에 올랐다. 당시 상해파견군 참모장을 했던 다시로 간이치로田代皖一郎 중장의 수기에 의하면, 사령대는 공원의 중앙 쪽에 아름답게 잘 자란 잔디 위에 설치되었다. 식단은 잔디밭 위에 목재로 만들었다. 사각형으로 만들었는데 사방에 홍색과 백색의 줄 무늬 장식을 한 천으로 둘러쌓다. 중국의 『시보』 4월 30일자 의하면 식장의 배치 상황을 다음과 같이 상세히 설명하고 있다.

공원 북쪽에 마련한 사령대의 우측은 육해군 고급지휘관석, 좌측은 신문기자석, 신문기자석의 좌측은 내빈석으로 구분되었다. 열병식에 참여할 육해군을 비롯한 대원들은 凹자 모양으로 배열하였는데 맨 앞은 육군이 자리하였다. 그 뒤에는 상해 각 일본인소학교 학생과 보이스카우트가 자리하고, 해병대가 뒤에 자리하였다. 운동장 사방에는 기념식에 참석한 일본 공상업 각계인사와 남녀노소의 관중이 발디딜 틈 없이 만원을 이루었다. 노천의 잔디밭에 목재로 만든 사령대의 사방은 홍색과 백색의 줄무늬를 한 천으로 둘러쳐졌다. 사령대 앞에는 스피커와 군악대가 자리잡고 있었다.

식단의 전면에 일본군 장교들이 도열하고, 그 전면 중앙부에는 일본인 재향군인과 의용대와 소학교 학생들을 배열하였다. 식단의 좌우에는 일본 육해군이 무장을 갖추고 정렬하여 있었다. 그리고 식단의 뒤쪽에는 고관들의 신변 호위를 위하여 기마병 6명이 식장을 바라보고 있었으며, 그 뒤 약 5, 6미터쯤 되는 곳에 헌병 및 보조헌병 몇 명이 경계를 섰다. 이때 헌병들이 어느 쪽을 보고 있었는지는 상해총영사의 보고서에도 확실하지 않다고 하였다. 그리고 그 뒤쪽으로 일반 군중이 있는 상황이었다. 후면의 일반관람석은 식단에서 약 20미터 떨어진 곳에 있었는데 윤봉길은 그 앞쪽에 자리를 잡았다.

단상 위에는 모두 7명이 도열하였다. 앞쪽의 왼편부터 주중총영사 무라이村井倉松가 자리잡고, 그 옆으로 제9사단장 우에다 겐키치植田謙吉 중장, 상해파견군사령관 시라카와 요시노리白川義則 대장, 해군사령관 노무

식단에 도열한 일본 수뇌부(대판조일신문, 1932년 5월 1일)

라 요시사부로野村吉三郎 중장, 주중공사 시게미쓰 마모루重光葵, 거류민단 행정위원장 가와바타 사다쓰구河端貞次, 그리고 민단서기장 토모노友野盛 등이 그들이었다. 식단은 가로 3.54미터, 세로 3.63미터의 직사각형이었다. 높이는 1.8미터였다.

수류탄을 던져 왜구를 처단하다

2부 축하식이 시작되었다. 마침 그때부터 비가 내리기 시작하였다. 단상에 일본군 수뇌들이 도열한 채 가와바타와 무라이의 축사 봉독이 끝났다. 이어서 참석자 모두가 일어서서 엄숙하게 기미가요를 합창하였다. 이들이 기미가요 2절의 마지막 소절을 부를 때, 참석한 일본인 모든 이가 신성한 기분이 최고조에 달하는 순간 윤봉길은 지금 이 순간이 최적의 기회라고 판단하였다.

그는 식단을 향하여 두 칸 정도 앞으로 전진하였다. 두 칸이면 3.63미터의 거리이다. 이때 식단 뒤에서 말을 타고 경계를 하던 기병 두 명이 이를 수상히 여겨 검문하려고 말에서 내렸다. 그 순간 윤봉길은 도시락형 폭탄을 땅에 내려놓고, 수통형 폭탄을 어깨에서 내려 오른손에 폭탄을 들고 왼손으로 안전핀을 잡아당긴 후, 식단을 향하여 폭탄을 투척하였다. 이때가 오전 11시 50분경이었다. 그가 투척한 폭탄은 정확하게 단상 위의 중앙 가와바타와 시게미쓰 사이에 떨어졌다.

커다란 폭음과 함께 파편이 사방으로 날았다. 단상에 있던 상해파견군사령관 시라카와 요시노리白川義則 대장을 비롯하여 7명은 모두 쓰러졌고 행사장은 수라장이 되었다. 이때의 상황을 『대판조일신문』은 호외로 다음과 같이 보도하였다.

(상해특전 29일 발) 29일 상해의 신공원에서 관병식이 끝나고 관민축하회가 11시 반부터 시작되었다. 때마침 비가 내리던 중 군인대표, 거류민 일동이 밀려들어 무라이 총영사의 축동이 끝날 때 11시 40분 돌연 단상의 배후에서 수류탄을 던진 자가 있었다. 꿩음과 함께 불꽃이 일어나 작열하였다. 단상에는 왼편부터 무라이 총영사, 시라마와 대장, 노무라 중장, 시게미쓰 공사, 가와바타 민단행정위원장의 순으로 서 있었는데 꿩음과 함께 시게미쓰, 노무라 양씨는 그곳에서 쓰러지고 시라카와 대장은 안면에 피에 흘리며 단을 내려오는 것이 보인다. 노무라, 시게미쓰 양씨는 중상이고, 가와바타 행정위원장도 중상이다. 앗! 큰일이 일어났구나 하는 참에 마침 엄숙한 기미가요 합창이 끝날 때였다. 일시에 대회장은 혼란에 빠졌으며 범인을 붙잡으라며 대소동이 일어났다. 범인은 현장에서 체포되었다.

이에 의하면, 시라카와 대장은 얼굴에 부상을, 시게미쓰 공사는 발에 중상을 입었으며, 무라이 총영사는 얼굴과 왼쪽 발에 부상, 노무라 사령 장관은 머리와 발에 중상, 가와바타 상해거류 일본민단장은 배와 다리에 중상, 도모노 민단서기장은 발, 얼굴, 손에 부상을 입은 것으로 보도되었다.

이중 가와바타의 부상이 가장 심하여 단상 위에 꿇어앉아 사람 살리라고 소리를 질렀다. 그는 다음 날 복민福民병원에서 사망했다. 가와바타는 상해에 온 지 20여 년이 되는 상해통이었다. 이 시기 거류민단은 단순한 재외일본인들의 친목단체가 아니라, 중국 침략의 교두보의 역할을 하였다. 거류민단장의 휘하에는 사복 무장대가 있었으며, 군부 또한 후방의 모든 문제를 거류민단에 일임하였다. 가와바타는 거류민단장으로 민단의 조직과 활동의 총 책임을 지고 있던 인물이었다. 그가 며칠 전 꿈을 꿨는데, 모종의 계획이 성공을 거두어 사람들을 모아놓고 계획이 성공했음을 알리려는 순간, 갑자기 천신이 나타나 번개 채찍을 휘둘러 자신의 배를 갈라 놓았고, 너무 아파 비명을 지르며 고통을 호소하는 순간 잠에서 깨어났다는 것이다. 그는 꿈 얘기를 한지 며칠 지나지 않아 복부에 파편을 맞고 창자가 쏟아져 나오는 부상을 입고 사망하였다.

시게미쓰重光는 오른쪽다리에 부상을 입었으나 처음에는 병상에서 집무를 볼 정도였다. 결국 전치 4개월의 중상을 입어 5월 5일 오른쪽 다리를 절단하였다. 1945년 9월 2일 미주리함에서 전권대표로서 일본 외무대신이 항복문서에 서명하였는데, 그가 바로 시게미츠 마모루였다.

우에다는 왼쪽 다리를 절단하였으며, 노무라도 전치 4주의 중상을 입고 5월 1일 오른쪽 안구를 적출했다. 시라카와는 얼굴과 복부에 부상을 입었지만 약 4주간 치료를 요하는 정도로 그리 심한 편은 아니었다. 그러나 5월 20일부터 혈변이 보이는 등 병세가 갑자기 악화되었다. 패혈 증세가 나타났으며 의료진이 긴급 수혈을 하고 대수술을 실시하는 등 치료를 했다. 일왕은 5월 23일 남작 작위와 사주賜酒를 내리는 등 특별 대우를 했으나, 결국 5월 26일 사망했다. 그의 죽음은 일본 조야에 큰

폭탄이 터진 직후(『동경일일신문』 1932년 5월 1일 호외)

충격을 주었다.

　일본의 모든 신문은 그의 사망 소식을 특종으로 전달했다. 시라카와 는 1868년 에히메현愛媛縣 출신이다. 그는 1891년 소위에 임관한 이래 1925년 대장으로 승진하였다. 이 기간 그는 중국주둔군 일본사령관, 육 군사관학교 교장, 1921년 제11사단장, 1922년 제1사단장과 육군성 차 관, 1924년 관동군사령관을 지냈다. 1927년부터 1929년까지는 육군대 신을 지냈다. 일제는 1932년 1월 상해사변을 일으키고 초반 전세가 불 리하자 이미 퇴역한 그를 사령관으로 임명하여 전쟁을 승리하게 하였으니, 그는 상해를 침공하여 상해를 파괴하고 시민을 살륙한 총책임자였다. 이들 외에도 단상 아래에서 사진을 찍던 오사카마이니치 신문사 사진반 특파원 가와구치 사다오川口定夫와 경계하던 기병이 파편으로 턱에 부상을 입었다.

윤봉길은 투척과 동시에 바닥에 내려 놓았던 도시락형 폭탄을 주우려 하였으나, 부근에 있던 육전대지휘관 호위병 고모토 다케히코後本武彦 일등병조와 헌병들에 의해 제압되었다. 윤봉길은 군중들에 의해 둘러싸여 잠시 기절할 정도로 뭇매를 맞았다. 옷이 찢겨지고 얼굴도 피투성이가 되었다. 일본 헌병대가 군중들 사이에서 윤봉길을 끌어냈다. 얼굴부터 허리까지 선혈이 낭자한 모습이었다. 옷소매 사이로도 연신 피가 흘러내렸다. 그는 비록 중상을 입었지만, 태연하게 냉소를 지으며 헌병대로 끌려갔다.

연행되어 가는 윤봉길

윤봉길을 체포한 자는 육전대 호위병 병조兵曹 고모토後本武彦였다. 『대판조일신문』 4월 30일자에 의하면, 그는 체포 당시의 상황을 다음과 같이 증언하고 있다.

'도망하는 범인을 메쳐 체포, 수훈의 고모토後本 병조兵曹'(연합상해 29일 발)
육전대 지휘관 호위병 병조 고모토 다케히코後本武彦군은 범인 체포 당시의 상황을 말하다. 자신은 우에마쓰植松 지휘관을 호위하러 와서 연단의 뒤에 있었는데 갑자기 머리 위를 슛! 하고 날아가는 것이 있었다. 우에다 植田○단장과 시라카와사령관 사이 정도에 그것이 멈추었다. 공교롭게 그 때 마이크로폰의 상태가 나빠서 직공이 수선 용구인지 무언가를 던져 준 것으로 생각했는데, 순간 뒤에서 나를 밀치고 앞의 연단 쪽으로 도망치려 고 하는 자가 있어 무의식적으로 이상하다고 생각하고 왼편으로 돌아보 니 짙은 다색의 양복을 입은 남자가 달아나려고 해서 순간 잡아서 내동댕 이치고 팔을 비틀어 엎어누른 순간 얼굴을 드니 시게미쓰 공사가 위에서 나를 내려다보고 있었다. 그때 큰 굉음으로 내 몸도 떨리는 것 같이 느꼈 다. 이미 연단에는 흰 연기가 가득 차 있어 아무것도 안보였다. 갑자기 큰 소동이 일어 모두가 연단으로 올라갔다. 나는 우에마쓰植松 지휘관을 걱 정하면서 범인을 누르고 헌병대에 인도했다. 범인을 조사해 보니 양복 속 에 수첩이 있어 그 속에 칙유50극년기념일의 식장 사진이 들어 있었다. 전부터 계획하고 있었던 것 같다(『대판조일신문』, 1932년 4월 30일).

육전대 호위병인 그는 자신의 상관인 우에마쓰植松 지휘관을 호위하 기 위해 서 있던 중 갑자기 머리 위로 폭탄이 지나갔으며, 그 순간 뒤에 서 자기를 밀치고 앞의 연단 쪽으로 가는 자가 있어 돌아보니 짙은 다색 의 양복을 입은 남자가 달아나려고 해서 잡아 메치고 땅에 엎어눌러 체 포하여 헌병대에 인도했다는 것이다. 윤봉길이 헌병들에 의해 연행되어 가는 사진들이 있는데 이를 보면 다음과 같다.

이 사진은 『대판조일신문』 5월 1일자의 호외에 실린 사진으로 양복 에 코트를 입고 중절모를 들고 있다. 또한 중국에서 발행하는 영자신문

『NORTH CHINA DAILY NEWS』 4월 30일자에 윤봉길이 연행되어 가는 사진이 실렸다.

이 사진은 『대판조일신문』보다 하루 먼저 게재되었는데 역시 연행하는 헌병이 위 사진과 같은 인물이다. 이 사진 역시 마찬가지로 얼굴이 시커멓게 나오고 코트에 진흙 같은 것이 묻어 있으며 마치 피해서 달아나는 듯한 모습이다. 옆에 '범인'을 쳐다보는 민간인이 있고 이를 제지하는 헌병의 손짓도 보인다. 아마도 집단 구타를 당한 후 연행돼가는 모습이 아닌가 한다. 두 사진에서 '범인'을 연행하고 있는 좌우의 헌병을 보면 동일인임을 알 수 있다.

일본영사관에서는 5월 6일 오후 3시에 '범인'의 신원에 대하여 브리핑을 하였다. 『대판조일신문』에서는 5월 6일자 호외에서 이 발표 내용을 '상해폭탄사건의 범인은 조선인'이라는 제목으로 자세히 싣고 있다.

'상해폭탄사건의 범인은 조선인, 용의자 십수명 포박'

상해폭탄사건 범인에 대해 상해에 나와 있는 관헌은 협의하여 6일 오후 3시 다음과 같이 발표했다.

1. 본적 조선 충청남도 예산군 덕산면 시량리 139

   현주소 상해 佛租界 '파이롱'路 도혹코구 30

   윤봉길 명치 40년 5월 19일생

2. 윤봉길(필자 주)은 4월 29일 오전 7시 45분 홍구공원에 들어가 관민합동의 축하회가 장차 끝나려고 기미가요를 합창하고 있던 11시 40분경

『대판조일신문』 1932년 5월 1일 호외, '체포된 수류탄투척의 범인 윤봉길'

『NORTH CHINA DAILY NEWS』 1932년 4월 30일

연단 후방의 군중 속에서 나와 소지한 폭탄을 연단에 투척하여 시라카와 군사령관, 노무라 사령장관, 우에다사단장, 시게미쓰 공사, 무라이총영사, 가와바타 행정위원장, 우야민단서기장에게 중경상을 입힌 것을 비롯하여 그 중에 가와바타 행정위원장을 결국 죽음에 이르게 하였다.

3. 범인은 경비군헌에 의해 즉석에서 포박되어 헌병대에 유치하고 일차 심문을 하여 이미 군법회의에 예심을 청구했다.

4. 사용 폭탄은 두 개로 한 개는 수통형이고 다른 것은 도시락형이다. 투척한 것은 수통형의 것으로 도시락형의 것은 땅위에 그대로 둔 채 투척하였다.

5. 본명이 공술한 상황에 따라 불조계에 거주한 다수의 조선인이 단체적 배경이 있는 것으로 인정됨에 따라 즉시 불조계 경찰당국에 요구해서 그 수배에 따라 29일부터 30일에 걸쳐 일대 수색을 실행하여 용의자 안창광安昌廣 이하 12명을 포박하고 그 인도를 받음에 따라 현재 엄중 취조중임.

이어서 다음 날인 5월 7일자 1면에 그 호외 기사를 그대로 다시 실으면서 이번에는 '범인 윤봉길'이라는 설명문을 붙이고, 5월 1일자의 체포 사진 중에서 윤봉길의 얼굴 부분만을 절취, 게재하여 사진의 주인공이 윤봉길임을 다시 한 번 확인시키고 있다. 이때는 이미 일본영사관의 발표가 나온 후이기 때문에 '범인'에 대한 조사가 끝난 상황이다. 그런 상황에서 『대판조일신문』에서 혹자의 주장처럼 잘못된 사진을 그대로 싣

上海爆彈事件の
犯人は朝鮮人

更に容疑者十三名逮捕
犯行と素性に關しきのふ發表

吉奉尹人犯

上海爆彈事件犯人に關し上海における出先官憲は協議の上六日午後三時左の如く發表せり

一、本籍朝鮮忠清南道禮山郡德山面柿梁里一三九、現住所上海佛租界バイロン路トウホウコウグウ三〇尹奉吉、明治四十年五月十九日生

二、本名は四月二十九日午前七時四十五分虹口公園に入り、官民合同の祝賀會のまさに終らんとして「君が代」合唱せられたる時午前十一時四十分ごろ、式台後方群衆中より現はれ所持の爆彈を式台に投擲し、白川軍司令官、野村司令長官、植田師團長、重光公使、村井總領事、河端行政委員長、友野民團書記長を負はしめその内河端行政委員長をして遂に死に至らしめたるものなり

三、犯人は鶏鴨軍憲において即座に逮捕これを憲兵隊に留置し一應期間の上既に軍法會議に移牒を開求せり

四、使用爆彈は二個にして一個は水筒形也なり、投擲したるは辨當形のものにして辨當形のものはこれを地上におきそのまゝ投擲するにいたらず

五、本名供述の模様により佛租界居住多數朝鮮人の團體的背景あるものと認められたるをもつて直ちに佛租界警察當局に要求し、その手配により二十九日より三十日にわたり一大搜査を實行し容疑者安昌浩以下十二名を逮捕しその引渡を受けたり、よつて目下嚴重取調中

『대판조일신문』 1932년 5월 7일 석간

는다는 것은 있을 수 없을 것이다.

한편 윤봉길이 구타를 당하여 잠시 의식을 잃었던 것으로 보인다. 그러나 윤봉길은 잠시 의식을 잃을 정도로 집단구타를 당한 후 헌병에 의해 끌려서 연행되어 갔다. 상해에서 발행되는 『대만보大晩報』 4월 30일자에 실린 체포 당시의 상황 보도를 소개하면 다음과 같다.

…… 수천 명이 일시에 모두 정신이 나간 듯 보였다. 장내는 엄청난 혼란에 빠져들었다. 사령대 부근에 있던 관중들이 난폭하게 범인으로 추정되는 사람을 제압하여 땅바닥에 내동댕이치는 모습이 보였다. 군중들은 그 사람의 옷을 찢고 발로 차며 마침내 얼굴을 피투성이로 만들어 버렸다. 일본헌병대가 군중들 사이에서 그를 끌어냈을 때는 얼굴부터 허리까지 선혈이 낭자한 모습이었다. 옷소매 사이로도 연신 피가 흘러나오고 있었다. 비록 중상을 입었지만 그의 얼굴에는 때때로 냉소가 흘러나왔다.

윤봉길이 뭇매를 맞아 온몸이 피투성이가 되었음을 알려주고 있다. 또한 집단구타를 당한 윤봉길을 일본헌병대가 군중들 사이에서 끌어냈다고 한다. 위 기사에서 '그의 얼굴에는 때때로 냉소가 흘러나왔다'라고 하여 비록 중상을 당했지만 의식을 잃었던 것은 아니었음을 알게 해준다.

윤봉길은 당일 양복 위에 스프링코트를 입었다. 이는 일본 내무성 보안과에서 1932년 7월 작성한 『상해에서의 윤봉길폭탄사건 전말』에 잘 나와 있다. 『전말기』의 「범행당일의 상황」에 따르면 윤봉길의 당일 아침의 행적을 자세히 소개한 후에 "윤의 복장은 양복과 스프링코트를 착용함"이라고 분명히 양복에 코트를 입었다고 보고되어 있다. 또한 윤봉길은 당일 중절모를 썼다. 당일 사건을 가장 먼저 일본에 전하여 특종을 낸『대판조일신문』의 오타太田宇之助 기자는 범인이 "다색의 양복을 입고 쥐색의 중절모를 쓴 25, 6세의 청년"이라고 중절모를 썼음을 알려주고 있다. 또한 상해 위수형무소에 구금되어 있던 윤봉길은 사형 집행을 위해 일본 오사카 소재 육군 위수형무소로 이감되는데, 1932년 11월 21일자『대판조일신문』에 의하면 윤봉길의 복장은 엷은 간절기 갈생 양복에 간절기 코트를 입었다. 이 복장은 그가 체포되었을 때의 것과 일치한다.

당시 폭탄에 대하여 관심이 컸다. 폭탄 제조에 참여한 김홍일 장군은 수통형 폭탄은 납으로 만들어진 것으로 안에는 폭약이 가득 채워져 있었으며, 납으로 된 파편은 살 속으로 쉽게 들어가지만 쉽게 빼낼 수는 없었다고 회고하였다.

중국의『시보』에서는 폭탄의 위력에 대하여 다음과 같이 보도하였다.

폭발물은 보통의 수류탄이 아니고 알루미늄제 군용 보온병으로 위장한 특수폭탄인 것으로 밝혀졌다. 보온병 안에는 물대신 강력한 폭발력을 가진 화약이 채워져 엄청난 위력을 보였다. …… 강력한 폭발력을 가진 특수폭탄이 폭발한 관계로 나무로 만든 사령대는 크게 파손되어 금방이라도 무너질듯한 모습이었다. 폭탄의 위력이 얼마나 컸던지 사령대 왼쪽 앞에는 직경이 1미터 가까운 구덩이가 패였다. 화약을 담은 알루미늄통은 폭발과 함께 수없이 많은 파편이 되어 엄청난 살상력을 보였다. 두께

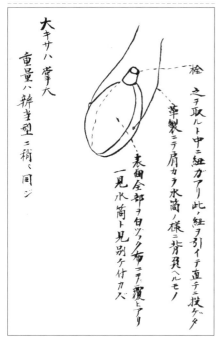

大キサハ掌大

重量ハ拼半型ニ稍〃同ジ

栓ヲ取ルト中ニ紐ガアリ此ノ紐ヲ引イテ直チニ投ゲタ

革製ニテ肩カラ水筒ノ様ニ背負ヘルモノ

表側全部ヲ白ツタ布ニテ覆ト有リ

一見水筒ト見別ケ付カベ

수통형 폭탄 설명도(일본 『외무성경찰사』)

2촌, 넓이 9촌 정도인 사령대의 바닥판은 산산조각 나고 말았다.

폭탄이 군용보온병으로 위장한 특수폭탄이라고 하였다. 폭탄의 위력이 커 식단의 왼쪽 앞 바닥판이 직경 1미터 가까이 파였다 한다. 일본의 『대판조일신문』은 1932년 4월 30일 「수통과 도시락상자에 폭탄을 장치」란 제목으로 수류탄에 대해서는 특별란을 만들어 다음과 같이 소개하면서 전문가가 만든 것으로 전문가도 혀를 내두른다고 평하고 있다.

'수통과 도시락 통에 폭탄을 장치'
폭탄 하나는 수통으로 장치했고, 다른 것은 알루미늄의 도시락 통에 설치해 교묘한 것이어서 축하 여행객의 휴대물로서 신체검사를 피한 것으로 전문가의 조사에 의하면 아마츄어가 만든 것이 아니고 실력있는 전문가가 만든 것으로 감정하였다. 성질은 그다지 강렬하지는 않으나 교묘한 장치로 전문가도 혀를 내두른다.

폭탄이 터지자 수만 명의 군중이 공원에서 빠져나와 눈사태처럼 북사천로에 넘쳐났다. 홍구공원에서 북사천로까지 일대에 임시계엄령이 내려졌으며, 일본군의 경계가 삼엄하게 진행되었다. 헌병대장 오기네狄根 중좌 이하 제1분대장 마세間瀨 소좌 및 나카무라中村 치중병 소좌 등은 헌병대 본부를 홍구공원 앞의 제1분대로 옮겼다.

도산 선생이 체포되다

윤봉길은 현장에서 체포되어 곧바로 홍구공원 맞은 편의 상해 제1헌병 분대에 유치되어 10시간이나 심문을 받았다. 심문자는 헌병대위 오이시大石正幸였다. 그는 자신이 폭탄을 투척한 사실을 시인하고 자신의 주소, 직업, 나이, 이름 등을 밝혔다. 폭탄 입수 경로를 묻자, 이춘산李春山으로부터 받았다고 밝혔다. 수류탄 사용법에 대하여도 그로부터 배웠으며, 35, 6세가량의 중간 키에 직업은 무직이라고 말했다. 윤봉길은 그날 제1헌병분대에서 양수포楊樹浦에 있는 상해파견군헌병대 본부로 이감되었다. 그리고 다음 날인 4월 30일, 오이시大石正幸 대위로부터 다시 심문을 받았다. 윤봉길은 자신의 행위임을 시인한 외에는 어떤 말도 하지 않았다. 다급해진 일본 헌병은 입을 열게 하려고 온갖 가혹한 고문을 모두 동원하여 윤봉길은 만신창이가 되었다. 밤낮으로 이어지는 고문으로 이미 사망한 것으로 알려지기까지 하였다.

윤봉길은 고문을 받고 심문을 받을 때 폭탄을 이춘산으로부터 받았다고 진술하였다. 그는 이유필과 이춘산을 따로 거론하면서 가공의 인물로 이춘산이라고 한 것이다. 그러나 이유필의 호가 춘산임을 알게 된 헌병대에서는 즉각 프랑스영사관에 통지하여 이유필을 체포하도록 조치를 취했다. 이유필李裕弼(1885~1945. 11)은 평북 의주 출신으로 신민회에 참여하고 1911년 105인사건으로 체포되어 1년간 유배생활을 하였다. 1919년 의주에서 3·1운동에 참여하였으며, 상해로 망명하여 임시정부에 참여하여 의정원의원, 내무총장, 재무장 등의 중책을 맡았다. 1930년 한국독립당의 창립에 참여하고 총무이사로 활동하였으며, 상해교민회 회장의 직을 맡고 있었다.

일본영사관의 요청에 의해 프랑스 조계의 형사 까르보니가 통역 앙드레노를 대동하고 4시 30분에 하비로 보강리 54호의 이유필의 집을 급습하였다. 이때 일본 헌병도 동행하였다. 이유필은 이미 피신중이었고 부인만 남아 있었다. 그런데 이때 공교롭게도 도산 안창호가 이유필의 집을 찾아왔다. 안창호는 이유필의 아들인 이만영(당시 16세)에게 줄 기부금 5원을 전달하기 위하여 이유필의 집에 갔던 것이다. 이만영은 당시 상해 고려유년척후대 단장이었다. 소년단은 매년 5월 첫 일요일을 '어린이날'로 정하여 체육대회를 실시했는데, 4월 27일 이만영과 부단장인 배준철이 흥사단 본부로 안창호를 찾아가 기부금을 요청한 바 있었다. 안창호는 마침 돈이 없어 29일에 전달하기로 약속했기 때문에 그 돈을 전달하러 이유필의 집에 갔던 것이다.

안창호는 자신은 중국인이라고 항의하여 집으로 가서 신분증을 보여줬다. 그러나 일본 경찰이 안창호임을 알고 연행 조사를 해야 한다고 하여 프랑스경찰서로 연행되었다. 안창호의 체포 소식을 듣고 남양대학(현, 남개대학) 교수로 있던 신국권申國權 등은 안창호는 안창호晏彰昊라는 이름으로 중국 국적을 취득하고 있다면서 프랑스 당국과 교섭하였다. 5월 1일에는 상해변호사협회에서도 프랑스 외무부에 중국에 귀화한 안창호의 체포는 권력남용이라는 항의서를 보냈다. 그러나 일본의 외교 공세가 강해서 안창호는 일본영사관에 인도되고 말았다. 안창호의 구속은 너무나 불행한 일이었다. 안공근과 김홍일을 비롯한 상해 한인들은 석방을 위해 최선의 노력을 하였다. 이동녕을 위원장으로 하는 후원회를 조직하였다. 임시정부에서는 석방을 위한 비용을 준비하였다. 변호사를 선임하여 프랑스와 일본 당국에 불법적인 체포에 항의하고 석방을 촉구하였으나 폭력이 법률을 초월하는 일본 당국에 의하여 거부되었다.

일본헌병대에서는 4월 30일 새벽 3시부터 상해 거류 한국인들의 집을 급습하여 16세 이상의 남자는 모두 체포하였다. 이미 김구 등은 피신한 뒤였으나, 김철의 집에서 조카인 김덕근金德根(20살)이, 김붕준의 집에서 장남 김덕목金德穆(20살)이, 엄항섭의 집에서는 마침 그곳에 갔던 한인청년단의 장현근張鉉瑾(22살)이 체포되었다. 박창세의 집에서는 장남 박제도(22살)와 차남 박제건(16살)을 체포하였다. 그 외에도 최석순과 안공근, 윤기섭 등의 집을 급습하여 박화산, 차균찬, 이동일, 이기함, 장상국, 호성원 등을 연행해 갔다.

헌병대에서는 이들에 대한 심문을 실시하였다. 장현근은 교민단 서기와 의경대 간사, 한인청년단 이사 겸 서무부장으로 있다면서, 김덕근은 김철의 조카로 한인청년단의 간부로 독립운동에 종사하였다 하여 안창호와 함께 인천으로 압송하였다. 나머지는 5월 29일 석방하였다. 장현근과 김덕근은 경성지방법원에서 1932년 7월에 기소유예처분을 받고 석방되었다. 안창호는 그 해 12월 경성지방법원에서 치안유지법 위반으로 4년형을 선고받고 서대문형무소와 대전형무소에서 복역하다가 1935년 병으로 가출옥되었다. 평안남도 대보산大寶山 송태산장松苔山莊에서 은거하던 중 1937년 6월 동우회사건同友會事件으로 흥사단 동지들과 함께 다시 붙잡혀 수감되었다. 같은 해 12월에 병으로 보석되었으나 이듬해 1938년 3월 경성대학부속병원에서 간경화증으로 사망하였다. 대공주의를 제창하며 독립운동가들의 통합을 위해 애쓴 그의 죽음은 해방 직후에 이념의 대립으로 혼란의 연속이었던 해방 정국을 생각할 때 안타깝기 그지없다.

한편, 『독매신문』 1932년 5월 5일자에 의하면, '조선인의 진심'이란 제목으로 용인군 수지면 풍덕천리 25번지 거주하는 이종李鐘이란 친일파가 '동포 중에 한 명이 이 불상사건에 가담하였다는 것을 듣고 수치스러운 마음 금할 길이 없다'면서 5원 소액환을 조난자를 위해 보냈다 한다. 일본육군대신은 그에게 감사장을 보내 친일행위를 치하하는 일이 있었다 하니 한심한 일이 아닐 수 없다.

김구, '홍구공원의 진상'을 발표하다

일본 영사부에서는 5월 6일 아침 4시 30분 프랑스조계 수색대 부대장 마르모라를 대동하고 환룡로 118롱 19호에 위치한 러시아인 아스타피에프의 집을 급습하였다. 이곳은 김구가 거주하는 집이었다. 김구는 이미 YMCA주간인 미국인 피치 집으로 피신한 후였다.

김구는 윤봉길과 헤어진 후 엄항섭 집으로 이동녕을 찾아가 그동안의 진행 경과를 보고하고 점심을 먹고 무슨 소식이 있기를 기다렸다. 이날 점심은 정정화가 마련해주었다. 엄항섭의 살림이 조금은 좋은 편이어서 이동녕을 모시고 있었으며, 정정화 가족도 함께 살았다. 정정화는 바지런하고 일 솜씨가 깔끔하다고 알려져 중요한 자리가 있으면 어른들이 찾았다. 점심때 김구는 이동녕·조완구와 함께 있었다. 김구는 정정화에게 술 한병과 신문을 사오라고 일렀다. 평소 술을 입에 대지 않는 김구가 낮술을 찾는 것이 뜻밖이었다고 정정화는 그의 『장강일기』에서 회고하였다.

임시정부 요인들과 가족들은 서둘러 상해를 탈출하였다. 이날 이후 8년에 걸쳐 5,000km에 달하는 대장정이 시작된 것이다. 의거 다음날 이동녕과 이시영은 절강성浙江省 가흥현嘉興縣으로 피신하였다. 엄항섭 가족과 정정화 모자도 5월 1일 기차를 타고 가흥으로 갔다. 이들은 가흥의 일휘교日暉橋 17호에 위치한 목조 건물에서 생활하였다. 김구는 항주로 피신하였다가 안공근·엄항섭·김철과 함께 상해 프랑스조계로 잠입하여 미국인 피치 목사의 아들인 피치(S.S.Fitch)집으로 들어갔다. 김구는 그곳에서 20일간 머물면서 사건의 뒷 수습을 하였다.

그러나 의거 당일에 안창호가 일경에 체포되는 불행한 사건이 일어났다. 김구는 피신하기 전에 조상섭의 상점에 가서 편지 한 통을 써서 점원 김영린에게 급히 주어 안창호에게 보냈다. 편지 내용은 "오늘 오전 10시경부터 댁에 계시지 마시오. 무슨 대 사건이 발생할 듯 합니다"였다고 백범일지에 써 있다. 이유필도 안창호에게 피신하라고 연락을 취했다. 이에 대하여 당시 상해한국소년동맹회 부회장이었다고 하는 배준철은 이유필의 지시에 안창호의 집으로 가서 피신할 것을 알리려 했으나 이미 안창호가 이유필의 집을 향해 출발했으며 길이 엇갈려 만나지 못했다는 증언을 하고 있다.

이처럼 안창호를 비롯하여 무고한 이들이 체포되는 것을 보고 김구는 5월 9일 상해의거의 전모를 밝힌 성명서를 피치박사의 부인에게 영문으로 번역하게 하여 '홍구공원의 진상(The Truth of the Hongkeu Park)'이란 제목으로 로이터 통신과 중국신문사에 발송하였다. 중국의 신문들은 5월 10일 상해에서 발행되는 『신보申報』, 『신보申報』, 『상해일보上海日報』를 비롯하여 남경의 『중앙일보中央日報』, 천진의 『대공보大公報』 등이 이를 중국어로 번역하여 보도하였다. 김구는 이 글에서 홍구공원 폭탄 의거에 대해 정의와 인도의 이름으로 진상을 발표한다면서 이봉창의 일왕 폭살기도와 윤봉길의 홍구공원 의거는 자신의 계획에 따라 추진한 것이며, 한인애국단과 자신에 대하여 밝혔다. 여기에서 그는 자신은 황후의 시역 범인 쓰치다 조스케土田讓亮을 죽인 김구이며, 광복 때까지 싸움을 멈추지 않을 것임을 분명히 밝혔다. 김구는 홍구공원의 진상을 발표하면서 민간인에 대한 피해가 없도록 당부한 사실을 언급하였다.

"폭탄을 건네면서 나는 다른 나라 사람들에 피해가 가지 않도록 조심할 것을 당부하였다. 당시 나는 설사 일본인들이라 할지라도 무고한 민간인이 다치지 않도록 재삼 당부하였다."

이는 의열투쟁의 의의를 밝힌 것으로 중요한 의미를 갖는다. 일반적으로 의열투쟁과 테러를 혼돈하는 경우가 적지 않다. 또 일부 악의적인 목적으로 의열투쟁을 테러라고 말하는 경우도 많다. 실제로 일본 신문에서는 윤봉길의 의거를 테러하고 보고하고 있다. 그러나 의열투쟁과 테러는 분명히 다르다. 그것은 타격 대상이 다르다. 의열투쟁은 타격해야 할 대상을 명확하게 정하지만, 테러는 불특정 다수를 대상으로 하는 점에서 다르다. 윤봉길이 타격한 대상은 단상 위에 있는 일제의 요인들이었다. 또한 의열투쟁은 김구가 자신의 행위인 것을 밝힌 것처럼 행위자의 주체를 당당히 밝힌다. 의열투쟁은 한민족의 독립운동의 한 방법으로 추진한 정당한 민족해방운동이었다.

또한 김구는 위 글을 발표하면서 맨 마지막에 윤봉길의 사진과 선서문도 공개하였다. 이 선서문은 '나는 한인애국단의 일원으로 중국을 침략한 적의 우두머리들을 제거하여 조국의 독립과 자유를 쟁취하고자 한다' 는 내용이다. 여기에서 '중국을 침략한 적의 우두머리들을 제거'라는 구절은 중국인들에게 한국과 중국이 공동의 적을 대상으로 하는 동맹의 관계임을 인식하게 하였을 것이다.

김구는 윤봉길의거 후 4년이 지난 1936년 '한인애국단이 중국혁명동지에게 삼가 고하는 글'을 발표하였다. 여기에서 '윤봉길 열사의 희생을 통해 중한 양국이 항일전쟁에서 굳게 연합할 것을 호소하였다. 그러면서 '중국 침략의 적장을 도살하기를 바란다'는 윤봉길의 선서문을 소개하고 있다. 김구가 성명서를 발표한 이후 피치박사의 집도 정탐꾼들에게 노출되기에 이르렀다. 김구는 피치 부부의 도움으로 상해를 탈출하여 가흥으로 피신하였다. 전 강소성 성장인 저보성褚補成이 자기의 집을 피신처로 제공해주었다. 김구는 장진구(張震求, 혹은 張震)라는 가명으로 중국인 행세를 하였다. 이후 이동녕과 안공근 등도 가흥으로 가서 김구와 행동을 같이 하였다. 김홍일은 이름을 왕일서王逸曙로 바꾸고 남경에 있는 공병학교 부관처장副官處長을 했다. 상해 일본영사관에서는 김구에게 처음에는 20만원의 현상금을 붙였다가 2차로는 일본외무성과 조선총독부, 상해주둔군 사령부 등 세 곳에서 합동으로 일화 60만원의 현상금 걸고 체포에 혈안이 되었다. 당시 60만원의 값어치는 지금 돈으로 환산하면 약 200억 원에 달하는 거액이었다.

헌병대에서는 5월 2일 윤봉길의 예심 청구를 하고, 이후 상해 군법회의에서 5월 4일부터 조사를 진행하였다. 혹독한 고문이 자행되었음은 물론이다. 주모자가 김구라는 사실을 밝힌 것은 5월 11일 제4회 예심관의 취조에서였다. 김구의 성명서가 5월 10일 중국의 각 신문에 발표된 다음 날이다. 아마도 심문관이 중국의 신문을 보여주면서 취조했던 것 같다. 끝까지 함구하던 윤봉길이 이때 처음으로 김구에 대하여 언급한 것으로 보인다. 그렇게 해서 헌병대의 예심은 5월 19일 종결되었다. 그리고 5월 20일자로 '살인, 살인미수 및 폭발물단속벌칙 위반'으로 공소를 제기하였다. 일본군 상해파견군 군법회의에서는 5월 25일자로 윤봉길에 대하여 '살인 및 살인미수, 폭발물단속벌칙 위반'으로 사형 선고를 내렸다. 상해의거로 체포된 지 불과 한 달도 안되어 전격적으로 사형을 선고한 것이다.

사형선고의 내용은 경성헌병대장에게 즉시 통지되었으며, 이에 따라 경성헌병대장은 6월 4일자와 6월 7일자로 조선의 예하 부대와 지방법원 검사국, 관내 각도 경찰부장에게 심문조서의 내용을 통지하였다. 그리고 내무성 보안국에서는 1932년 7월 '상해에서의 윤봉길 폭탄사건 전말'이란 제목으로 상해의거의 전말을 최종적으로 정리, 보고하였다. 그 목차를 보면 다음과 같다.

1. 개요
2. 범행상황
  (1) 관민합동축하회장의 상황
  (2) 폭발에 의한 부상자 피해정도
  (3) 식장의 경비 정황과 폭탄투척 정황
3. 범인의 성명 및 이력 행동
  (1) 본적 출생지 성명 연령
  (2) 성행性行 및 그 동정 개요
4. 가족관계 및 통신관계
  (1) 가족 상황
  (2) 통신상황
5. 상해 도항 동기
6. 범행까지의 경위
  (1) 상해 도항 후 범행 전일까지의 상황
  (2) 범행 당일의 상황
  (3) 기타 윤봉길 공술 중 참고할 만한 사항
7. 범인 윤봉길의 처리
8. 범인이 사용한 폭탄

(1) 휴대방법 및 구조

 이 보고서에는 윤봉길의 이력과 가족관계는 물론, 폭발로 인한 부상자의 피해 상황을 상세히 보고하고 있다.

 윤봉길의 사형 선고는 시라카와의 병세와 관련이 있는 것으로 설명되기도 하였다. 즉 시라카와가 혼수상태에 빠지는 등 병세가 위급해지자 그가 죽기 전에 윤봉길에게 사형을 선고하였다는 것이다. 실제로 일제는 시라카와의 병세에 대하여 최고의 관심을 표명하였다. 일왕은 시라카와의 사망 직전에 남작과 욱일대훈장을 수여하고, 시라카와의 시신을 운구할 군함 용전함龍田艦을 상해로 보냈다. 5월 27일 도착한 용전함은 5월 28일 아침 상해를 출발하여 5월 31일 정오경에 동경의 요코스카橫須賀항에 도착하였다. 시라카와는 6월 2일 동경의 아오야마靑山묘지에서 장례의식을 마치고 그곳에 묻혔다. 그의 사후에는 그의 죽음을 '전상사戰傷死'로 처리하였다. 그 이유로 다음 세 가지를 들고 있다.

 전상사로 판정하는 이유
 1. 상해의 목적(별지 윤봉길사건 공판조서에 의함)
  조선독립운동에 보탬이 됨과 함께 시라카와 대장과 우에다植田중장을
  살해하여 이로 인하여 일본군을 교란시킬 목적으로 수행함
 2. 폭발로 생긴 상처는 사망의 직접 원인이 됨
 3. 중지할 수 없는 군사 업무 때문에 병증을 악화시킴

이어서 이를 설명하면서, 시라카와의 죽음은 중국의 편의대便衣隊에 의해 살해된 장병에 대한 예우와 같이 한다고 밝히고 있다.

본 상해사건은 상해 전장에서의 우리 군 수뇌의 살해를 목적으로 하는 적국 암살단이 활약하는 중에 발생한 사건이다. 하수인은 한 조선의 불령의 도당이지만, 그들은 중국군 및 항일암살단과 맥을 통하는 자로 중국군의 편의대便衣隊와 동일시해야 하는 것으로 생각된다. 고로 본건은 만주사변 발생 이래 만주방면에서 중국 편의대의 저격에 의해 살해된 장병의 취급과 동일하게 대우해야 할 것으로 생각함

이와 같이 시라카와를 '전상사'로 처리함은 윤봉길의 의거가 '테러'가 아닌 독립운동임을 일제가 스스로 입증한 셈이다.

남화한인청년연맹의 상해의거 계획

4월 29일 일제의 천장절 행사에 한인애국단 외에도 또 다른 독립운동 단체에서 폭탄의거를 계획하였다. 이 단체는 재중국조선무정부주의자 연맹의 방향 전환에 의해 조직된 세칭 남화연맹이라고 하는 남화한인청 년연맹이었다. 재중국조선무정부주의자연맹은 1924년 중국 북경에서 이회영의 발의로 신채호申采浩·유자명柳子明·이을규李乙奎·이정규李丁奎· 정현섭鄭賢燮 백정기白貞基 등이 조직한 무정부주의단체인데, 이 단체는 독립투쟁을 위하여 일본에 대한 직접적인 의열투쟁을 목표로 하여 일본

요인 암살, 일본 후방 교란, 파괴 등을 주요 활동으로 삼았다. 이 단체는 1928년 상해에서 조직된 동방무정부주의자연맹에 가입, 독립운동전선을 국제적 규모로 확대하고 1930년에는 전시체제로 남화한인청년연맹을 조직한 것이다. 화암 정현섭과 백정기를 비롯하여 유자명, 유기석柳基石, 장도선張道善, 정해리鄭海理, 안공근安恭根, 오면직吳冕植, 이현근李炫謹 등이 맹원이었다.

이 남화연맹에서도 천장절 행사를 앞두고 거사를 준비한 것이다. 이들은 김구 쪽에서는 기념식에 참석한 외국 사절들이 다 떠나고 난뒤 일본인들만 모여 있을 때인 11시부터 12시 사이에 거사를 단행할 것으로 탐지하고 이보다 앞선 10시 전후하여 추진하기로 하였다. 정화암 등은 천장절 행사에 축하하러 온 외국 사절들 역시 일본제국주의와 같은 무리라고 여겼다. 폭탄은 중국 제19로군 채정해를 통해 입수하였다. 다만, 홍구공원에 입장할 수 있는 출입증을 얻는 것이 문제였다. 정화암 등은 천장절 기념식에 일본군의 경계가 철저할 것으로 알고 공식 출입증을 얻어서 백정기를 입장시키고자 하였다. 그래서 중국인 갱단의 대장인 왕아초王亞樵에게 주선하여 줄 것을 부탁하였다.

백정기는 폭탄을 준비하고 출입증이 도착하기만을 기다렸다. 그러나 출입증 소식은 없고 12시가 조금 넘어 폭탄의거 소식만이 전해졌다. 백정기는 이 소식을 듣고 자신이 거사를 이루지 못한 것을 아쉬워했다. 백정기(1896~1934)는 그 후 1933년 3월 17일 원심창元心昌·이강훈李康勳 등과 함께 주중 일본대사 아리요시有吉明 암살미수사건을 일으켰다. 이 사건으로 백정기와 원심창은 무기징역을, 이강훈은 15년형을 선고 받고 복역중 백정기는 일본의 나가사키형무소에서 옥사하였고, 원심창과 이강훈은 일본이 항복한 후인 1945년 10월 동경에서 출옥하였다.

06 가나자와로 이송되다

오사카 위수구금소로 이송

상해의거 다음 날, 일본 헌병들이 윤의사의 집에 들이닥쳤다. 집안 구석
구석을 어지럽게 뒤집었다. 부친을 대문 밖으로 끌고 나가 무릎을 꿇렸
다. 그리고 '아들이 하늘에 넘치는 큰 죄를 지었다'고 하였다. 이때부터
일본 비밀 경찰들이 집안을 감시하자 친척과 친구들조차 감히 그 집을
내왕할 수 없었다. 심지어 밥 지을 쌀도 구하지 못해 솥이 텅 비기도 하
였다.

윤봉길은 1932년 5월 25일 군법회의에서 사형 선고를 받았으나, 5월
28일자로 상해파견군사령관대리의 명령으로 그 집행이 당분간 연기되
었다. 이는 김구의 은신처를 자백 받기 위한 때문이었다. 일제는 5월 5
일 중국과의 정전협정이 체결됨에 따라 파견군을 본국으로 철병하게 되
었다. 일제는 헌병대의 철수 전에 윤봉길의 사형을 집행하려던 계획을
바꾸었다. 이시이 이타로石射猪太郎 일본총영사가 우치다 고사이內田康哉 외

무대신에게 9월 21일 보낸 다음의 공문에서 그 이유를 자세히 말하고 있다.

헌병대의 철수 전에 윤봉길의 사형을 집행하는 것은 오늘에도 계속하여 김구 체포에 노력하고 있는 것과 관련하여 당관으로서는 찬성하기 어려우며 또한 지금 당장 이를 집행하는 것은 오늘까지 연기해 온 뜻을 잃는 것이라고 하지 않을 수 없다. 다만, 신병을 당관에 구금해두는 것은 규정상 곤란할 뿐 아니라 유치장의 설비가 불완전하여 만전을 기하기가 어려우며 또한 윤의 구금 사실이 누설될 우려도 있어 오히려 윤을 내지로 이송하여 적절하게 구금하도록 요청함.

그동안 윤봉길이 4월 29일 일왕의 생일인 천장절天長節에 중국 상하이 파견군 사령관인 시라카와 요시노리白川義則 등을 폭사시키고 5월에 사형 선고를 받았지만 12월까지 집행이 연기됐던 이유가 분명하지 않았었다. 그러나 위 보고서를 볼 때 일제가 홍구공원 의거 이후 윤봉길의 사형 집행을 미룬 이유가 김구 선생을 유인해 체포하기 위해서였음을 분명히 알려준다.

상해헌병대에 구금되어 있던 윤봉길은 그 해 10월 11일 상해파견헌병대 육군사법경찰관 육군헌병군보 스도須藤貞一郎의 취조를 받았다. 이 내용이 기록되어 있는 문서명 '청취서'를 보면 주로 윤봉길의 유서를 쓴 내력이 적혀 있다. 누구의 요구로 썼으며, 유서의 내용이 무엇이고, 유서 속의 이력은 사실과 맞는지, 유서 속에 쓴 시량리가는 누구의 의뢰를 받아서 쓴 것이냐 등을 묻고 있다. 며칠 후인 10월 19일에 상해총영사는 외무대신에게 '윤봉길열사의 자서 약력과 유촉'이란 문서가 등사판으로 인쇄되어 한인들에게 배부된 사실을 보고하면서 윤봉길을 심문한 '청취서'를 첨부해서 보고하고 있다.

상해헌병대 역시 상해에서 철수하게 되었다. 11월 18일 상해 일본 총영사가 외무대신에게 보낸 보고서에 의하면, 헌병대는 장교 28명만을 남기고 11월 28일 전원 귀국하기로 함에 따라 윤봉길을 본국으로 이송했음을 보고하였다.

윤봉길은 11월 18일 일본 우편수송선 대양환大洋丸에 실려 상해를 출발하여 고베新戶 항 바깥의 와다미사키和田岬에 도착하였다. 배 안에서의 윤봉길은 '젊잖고 식사도 평상시와 다름 없었다'라면서 윤봉길의 고베 항에서의 모습을 당시 『대판조일신문』에서 다음과 같이 보도하였다.

고베 항에 도착한 윤봉길의 경계는 극히 엄중하게 펴서 고베 헌병 분대 및 수상서원 수십 명은 정오경부터 대기소에 쾌속선을 준비해 놓고 대양환大洋丸을 대기하고 있다가 닻을 내리자마자 일행은 곧 올라갔다. 사진기자와 사진반은 한 발짝도 접근시키지 않았고 호송 경로도 일체 극비에 부쳐져 있었다. 3시 지나서 범인은 3등 421호실로부터 끌어내려져 인접해 있던 의무실에서 간단한 건강 진단을 받았는데 말없이 창백한 얼굴이었으며, 여름용 메리야쓰 셔츠 위에 엷은 갈색의 양복에 춘추복 외투를 입었고, 머리는 길게 길어 있었으나 수염을 깎은 흔적이 푸르고, 날카로운 눈빛과 함께 일종의 매우 섬뜩함을 느끼게 해주고 있었다. 배에서는 매우 안정했던 모양으로 스기야마 조장에게 유창한 일본말로 "뭐, 신문 사진은 찍지 않도록 해 주시오"라고 말했다. "사진은 찍지 못하게 할 터이니 안심하라"는 말을 듣고는 쥐색의 중절모를 쓰고 수갑을 찬 채로 오사카에서 온 수명의 사복 헌병에게 포위되어 갑판으로 나왔다. …… 미리 비밀리에 준비한 자동차 세대안에 '효고兵庫 1422호'에 스기야마 조장과 함께 태워지고 10여 명의 헌병이 분승 두 대의 자동차가 앞 뒤를 경계하면서 곧바로 고베 시내를 종단하여 한신阪神 국도를 통해 오사카로 향했다.

─『대판조일신문』1932년 11월 21일

위 보도 내용 중에서 눈길을 끄는 것이 윤봉길의 복장에 대한 부분이다. "여름의 메리야쓰 셔츠위에 얇은 갈색의 양복에 춘추복 외투를 입었고, 쥐색의 중절모를 썼다"는 것이다. 이는 윤봉길이 상해에서 거사를 하고 체포될 때『대판조일신문』에 게재된 연행 사진의 모습과 정확히 일치한다.

윤봉길은 고베항에서 곧바로 오사카에서 온 사복 헌병들에게 인계되어 오사카 육군위수형무소의 미결감 중앙 건물의 독방에 수용되었다. 윤봉길은 황색으로 된 죄수복을 입었다. 식사는 군인들에게 주는 것이 제공되었다. 그는 이곳에서 한달 가까이 독방생활을 하였다. 미야이宮井 형무소장의 말에 의하면, '고분고분했다'고 하니 윤봉길이 정서적으로 불안한 상태는 아니었던 듯하다.『대판조일신문』에서는 윤봉길이 오사카 위수구금소에 처음 들어갔을 때의 모습을 다음과 같이 전해주고 있다.

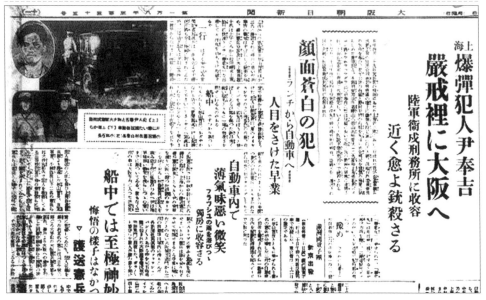

『대판조일신문』 1932년 11월 21일

미야이^{宮井} 형무소장의 말

의외로 고분고분하지만, 기분 탓인지 갈피를 잡을 수 없는 표정으로 나를
보고 있었다. 별도로 조사할 것도 없으니 천천히 자도 된다고 말하고 엷
은 황색 옷으로 갈아입게 하고 독방에 수용했다. 병대의 식사와 같은 저
녁밥을 주었더니 맛있게 먹었다.

윤봉길이 오사카에 구금되어 있을 때 오사카 시내에 윤봉길의거에 관
한 삐라가 뿌려졌다고도 한다. 오사카 지역은 한인 노동자들이 다수 거
주하고 있었다. 1919년 3월에는 당시 게이오대학 사학과에 유학중이던

염상섭의 주도로 만세시위가 계획된 바 있었다. 염상섭 등 20여 명이 텐노지天王寺 인근에서 선언서를 배부하는 등 시위를 위한 밀의를 하는 장면이 오사카 난바難坡경찰서의 순라꾼에게 탐지되어 주도자들이 체포된 것이다. 염상섭은 이때 금고 6개월형을 받고 옥고를 치르던 중 무죄로 풀려났다. 또한 1927년에는 소안도 사립학교 폐지 반대운동이 텐노지 앞 광장에서 열렸으며, 이후로도 오사카 한인들은 텐노지에서 조선총독의 폭압정치에 대하여 반대 시위를 전개하는 등 항일활동을 전개하였다. 따라서 일제는 오사카에서 윤봉길의 사형을 집행하는데 부담감을 갖게 되었다.

가나자와 위수구금소로 이송, 순국

오사카 위수구금소에서 1개월가량 구금생활을 한 후인 12월 18일 윤봉길은 가나자와로 이송되었다. 오사카 위수형무소 미야이 소장과 스즈키鈴木 제5사단 검찰관을 비롯하여 사복 헌병 4명이 동행하였다. 오사카에서 기차를 타고 가나자와의 모리모토 역에 도착한 때가 오후 4시 30분경였다. 가나자와시에서는 헌병대는 물론이고 히로사카廣坂와 다마가와玉川 경찰서의 경찰이 총동원되어 윤봉길이 도착하자마자 수갑을 채운 채 군용차에 실었다. 오후 5시경 제9사단 위수구금소에 도착하였다. 육군 일등 군의 세가와瀨川吉雄로부터 건강진단을 받았으나 심신 모두 이상없었다고 보고되어 있다.

　제9사단장 아라마키荒蒔義勝는 윤봉길의 사형명령서를 받아 군법회의 검찰관 네모토根本莊太郎에게 명령서를 전달하였다. 사단장은 검찰관으로부터 19일 오전 7시에 사형을 집행할 것이라는 보고를 받고 사형장 경계를 위해 보병 1개 소대(장교 이하 19명)의 차출을 보병 제7연대장에게 명령하고 검찰관에게는 경계 등을 위해 가나자와헌병대장과 연계하도록 지시하였다. 또한 사형장 예정지에 검찰관과 막료들을 보내 윤봉길과 사수, 그리고 입회자 등 입장 허가자의 위치를 정하게 하였다. 형장은 이시카와현 이시카와군石川郡 우치가와무라지內川村字 미쓰고지三小牛地에 있는 가나자와 육군작업장의 서북쪽 골짜기였다. 이곳은 산속에 위치해 "공중에 해를 입힐 위험이 없으며 교통이 희박하고 또 동쪽의 단애斷崖는 높이가 약 7미터로서 총받이에 적합한 곳"이기 때문에 형장으로 최적지로 본 것이다.

윤봉길은 구금소에 도착하여 다음 날 아침까지 잠을 자지 못했다. 간수의 말에 의하면, 그렇게 자신만만하던 그도 그날 밤은 한숨도 자지 못했다 한다. 윤봉길은 다음 날인 12월 19일 아침 6시 30분 간수장과 간수 2명, 헌병 3명의 호위 하에 위수구금소를 나왔다. 형장인 미쓰고지三小牛산 육군작업장에는 오전 7시 15분 도착하였다. 이때 윤봉길은 '쥐색 중절모'에 '양복'을 착용하였다 한다.

검찰관은 간수장에게 윤봉길의 수갑을 풀게 하였다. 이어서 윤봉길에게 살인 살인미수, 상해, 폭발물취체벌칙위반죄에 의해 선고한 사형을 집행한다는 뜻을 말하고 유언이 있느냐고 물었다. 윤봉길은 "사형은 이미 각오하여 이에 임하여 하등의 할 말이 없다"라고 말했다. 이때 그는 조금은 쓴웃음을 지었다 한다. 그러면서도 극히 대담하고 침착한 태도

오사카 육군위수구금소(현, 도요쿠니신사)

가나자와 위수구금소 터

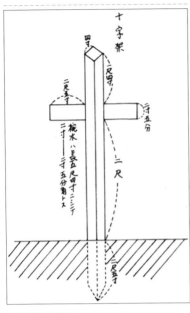

십자가형틀 모형도

를 유지했다. 감옥장이 다시 소지품을 어떻게 처리할 것인지를 묻자 '필요 없다'고 잘라 말했다. 마침내 간수는 윤봉길의 눈을 가렸다. 그리고 형틀 앞의 거적 위에 무릎을 꿇렸다. 이어 양손의 손목과 팔을 십자 형태의 형틀에 묶었다. 형틀로 사용된 십자가는 세로 기둥은 4촌 두께의 사각으로 된 나무로 길이는 5척 9촌이었다. 가로는 2촌 5분의 두께로 5척의 길이로 된 나무로 제작되었다.

검찰관이 사격을 명령한 시각이 7시 27분이었다. 윤봉길의 순국시간에 대하여 11시 40분으로 나와 있는 연구물도 있으나 이는 잘못된 것으로 보인다. 사수는 2명으로 군조 나카노中野吉三郎와 군조 요코이橫井外吉였다. 이들은 검찰관의 신호에 따라 형틀로부터 10미터 떨어진 위치에서 엎드린 자세로 사격하였다. 정사수가 쏜 한 발이 윤봉길의 미간부를 명중시켰다. 의관이 총상을 조사하고 절명했음을 확인하고 검찰관에게 보고하였다. 이때 시각이 7시 40분이었다. 일본군 9사단 군의인 세가와는 사체검안서에 '병명'을 '두개천투성 관통총창頭蓋穿透性 貫通銃創'이라고 적었다. 일본 방위성 도서실에 소장되어 있는 『만밀대일기』(1933년)에 윤의사의 순국 장면을 촬영한 사진이 있다. 윤의사의 양쪽 눈썹 사이 중심부에 콩알 만한

윤의사 순국 사진(『만밀대일기』, 1933)

피자욱이 선명하게 보인다. 십자가 형틀에 묶었으며 거적대기 위에 무릎을 꿇린 채 사형을 시킨 것이다.

　윤의사의 유해는 일본의 감옥법에 의하면, 가족에게 인계되어야 했다. 그러나 이들은 유해를 관에 넣고 형장에서 약 3km 떨어진 가나자와시 노다산 육군묘지 인접한 가나자와시 공동묘지의 서쪽 한 구석에 6척의 깊이로 매장하였는데, 종료한 시각이 10시 30분이었다. 안내소에서 감시가 쉬운 곳으로 공동묘지의 통로에 평장하고 아무런 표시도 하지 않고 흔적조차 없애려 한 것이다. 윤봉길의 사형집행을 마친 검찰관은 당일 오전 11시 검찰부에서 가나자와 신문기자단에게 윤봉길의 사형을 19일 오전 7시 40분 가나자와시의 교외에서 총살로 집행하였음을 공표하였다.

가나자와에서 간행된 『북국신문』은 19일자 석간 1면을 윤봉길의 '총살집행' 기사로 메울 정도로 자세히 보도하였다. 신문은 총살형을 집행할 당시의 정황을 상세하게 보고하고 또 윤봉길의 사진도 공개하였다.

'일본에서 세 번째의 총살집행'

가나자와 헌병분대에서는 19일 오전 4시, 헌병들을 불시에 소집하여 전 시내에 경계망을 펴고 동시에 제9사단 군법회의에서 네모토根本 검찰관, 소네曾野 헌병대장, 스와諏訪분대장, 사토佐藤검사정, 야다현八田縣 경찰부장 등 일행은 헌병대의 경계자동차와 함께 오전 6시 형장 삼소우산三小牛山을 향하여 출발했다. 형장인 삼소우산 작업장은 이미 제반 준비를 갖추고 있었는데 겨울철이라 말라버린 잡목림을 배경으로 하여 한쪽에는 거친 풀이 깔려 있고 새롭게 세워진 형장의 기둥이 아침안개 속에 어렴풋이 보였다. 오전 6시 30분 범인 윤은 형장에 도착하여 헌병의 총에 둘러싸여 수갑이 채워져 형복을 입은 채 차에서 끌어내려졌다. 윤은 이미 초탈한 듯한 침착함을 보이며 유유한 발걸음으로 걸어 나아갔지만 마음 속은 회한의 생각이 들어서인지 낙담하는 것처럼 보였다. 곧 헌병의 손에 의해 집행준비가 이루어져 입회한 경찰관으로부터 "아무것도 할 말은 없는가?"라는 질문을 받고 가볍게 끄덕거리면서 눈이 가려지는 것을 받아들였다. 마침 북국의 맑은 아침 해가 잡목림 사이로 떠오르고 있었고 견학 중인 각 부대 장교대표 들도 조용한 채로 적막한 공기가 흘러 넘쳤다. 이리하여 "쏴라!"는 명령과 함께 일제사격이 행해져 흉한인 윤 최후를 맞이

하였다. 이어서 9사단 군의부 세가와 일
등군의의 검시가 있었으며 7시 40분 완
전히 형 집행이 끝났다. 가나자와 지방에
서의 사형집행은 처음 있는 일이었고 특
히 군법회의의 총살형으로서는 러일전쟁
당시 과거에 두 번 있었을 뿐이며 전국에
서도 세 번째의 총살형이었다.

『북국신문』, 1932년 12월 19일

신문에 의하면 윤봉길의 유해는 화장
했다고 한다. 그러나 보도된 것과는 달리
화장하지 않았다. 육군형법에 따라 육군
묘지에 묻히지도 않았다. 육군묘지 아래
에 일반인이 왕래하는 통로에 암장한 것이다.

유해는 사형 집행 후 이를 깨끗이 하여 관에 넣어 가나자와시 노다산野
田山 육군묘지에 인접한 가나자와시 공동묘지의 한 구석에 매장하였다.
10시 30분 전부 종료되었다.

육군성 보고서에 의하면 노다산 공동묘지의 한쪽에 매장하였음을 알
려준다. 일본 육군성의 소화 8년 『만밀대일기』에 의하면, "요주의자 특
히 선인鮮人 좌경분자 또는 불령분자의 책동에 관해 헌병과 경찰의 밀접
한 연계를 유지하여 엄중 경계중임"이라고 하여 총살형을 집행한 후 철

저하게 도굴을 감시했음을 알 수 있다. 윤봉길의 유해는 그로부터 13년 후 발굴되기 전까지 지나는 사람들에 의해 밟히고 밟혔다. 이는 유해에 대해 모욕을 가하고자 한 일본군의 의도로 보인다. 또한 통로에 매장함으로 혹시 모르는 도굴을 감시하기 위한 뜻도 있었던 것으로 보인다.

윤봉길을 가나자와로 끌고 가서 사형을 시킨 것은 보복적인 측면이 강하다. 상해사변의 주력 부대가 다름 아닌 가나자와에 본부를 둔 제9사단이었다. 윤봉길을 상해에서 사형시키지 않고 윤봉길의 의거로 중상을 입은 제9사단장 우에다에 대한 보복을 하고자 그의 부대인 가나자와의 부대까지 끌고 와 사형시킨 것으로 보인다.

한편 중국 신문에서는 시라카와의 죽음에 윤의사를 순장시키려 한다고 다음과 같이 보도한 바도 있다.

일본정부는 그제 시라카와의 유해를 본국으로 송환하는 길에 윤 지사도 함께 일본으로 압송하도록 하였다. 오늘(31일) 요코스카橫須賀에 도착 예정인 시라카와의 유해는 동경으로 옮겨져 성대한 장례식을 치를 것이라 한다. 한편 윤봉길지사는 일본에 도착하자마자 형식적인 심문 절차를 거쳐 곧바로 처형될 것으로 관측되고 있다. 즉 일본정부는 윤봉길을 처형하여 시라카와를 따라 순장시키려는 것이다.

일제가 윤봉길을 사형시킨 시각이 아침 7시 27분이다. 이는 시라카와가 죽은 시각과 거의 일치한다. 시라카와의 사망시각은 앞서 일본 신문에서 살펴보았듯이 6시 25분경으로 보인다. 일본 가나자와의 시간이 상해보다 1시간 빨랐던 점을 감안하면 윤봉길의 사형집행 시각과 일치한다. 일제는 안중근을 사형시킬 때도 이토가 죽은 시각에 맞춘 전례가 있다. 즉, 이토가 1909년 10월 26일 오전 10시 하얼빈 역에서 안중근의 총격으로 죽었는데, 일제는 이토가 죽은 시각인 (1910년 3월 26일) 오전 10시에 안중근에 대한 사형을 집행하였다.

이와 같이 일제는 윤봉길을 가나자와의 9사단으로까지 끌고가 시라카와가 죽은 같은 시간에 사형시켰으니 이는 그들 수뇌부의 사망과 중상에 대한 보복의 일환이라는 추측도 가능하게 한다. 또한 사형시킬 때 윤봉길의 무릎을 꿇렸는데 이 역시 윤봉길의 민족적 의기를 꺾기 위한 비인도적인 행위로 보인다.

윤봉길의 순국 소식은 국내의 신문에 보도되었다.

상해 폭탄테러범 윤봉길(25)은 상해파견군 군법회의에서 사형의 선고를 받고 그동안 오사카 육군구류소에 갇혀 있던 바 사건 발생 후 8개월만인 지난 18일 저녁 헌병 호위하에 오사카 육군 구류소로부터 가네자와에 호송되어 19일 오전 7시 40분 가네자와시의 시외 모소에서 총살 집행을 당하였는데 군대에서 총살을 집행함은 군법회의에서도 드문 일이라 한다.

『조선일보』 12월 21일자에서는 총살형을 집행한 사실을 전하고 있다. 윤봉길을 '폭탄테러범'이라고 호칭하고 있음은 식민지하 조선 언론사의 강요된 인식의 실태를 알게 한다.

순국지는 어디에?

윤봉길이 사형당한 순국지는 이시카와현 이시카와군 미쓰고지에 있는 가나자와 육군작업장의 서북쪽 골짜기 속이다. 윤봉길이 사형당한 당일인 1932년 12월 19일의 『북국신문』에서는 윤봉길의 사형 소식을 전하면서 사형장의 원경 사진 한 장을 게재하였다. 1946년 3월 윤봉길의 유해를 발굴한 발굴대원들이 이 『북국신문』의 사진을 토대로 순국지 인근에서 기념 촬영을 한 바 있다.

윤봉길이 순국한 위치는 1992년 3월 윤봉길의 동생인 윤남의가 입수한 「사형집행시말서」에 의해 비로소 알려졌다. 이 시말서는 9쪽 자리의 분량으로 윤봉길을 사형시킨 일본군 9사단에서 기록해 놓은 것이다. 이 자료는 순국지에 대하여 다음과 같이 적고 있다.

형장은 가나자와에서 오바라小原 에 이르는 도로의 동쪽에 있는 이시카와石川군 소재 가나자와 육군작업장 서북쪽 골짜기. 그 동쪽에는 7미터 높이의 벼랑이 있고 벼랑 앞 3미터 지점에 형가刑架를 세운 다음 서북쪽 10미터 지점에 사수 위치를 잡았으며, 사수 옆으로 입회관리, 입회허가자 등의 자리가 정해졌다. 이날 상호 6시 50분 보병 7연대 소속 중위 니시노쓰네오西野恒夫가 하사관 2명, 사병 16명을 지휘 병력배치를 완료했다.

경향신문에서는 이 시말서를 참조하여 순국 장면을 그려 보도하기도 하였다.

尹奉吉의사 「당당한 刑場모습」 생생히

日「刑執行 시말서」本紙 단독입수

유언묻자 '더 이상 할말없었다'

가나자와縣 육군작업장 골짜기서 최후

일본 가나자와현 金溪육군작업장내 사형집행장

일본 가나자와현 가나자와육군작업장내 사형집행장(『경향신문』 1992년 3월 1일)

또한 일본 가나자와의 '널뛰기통신편집회의'에서는 1992년 4월 29일 『윤봉길과 천장절사건시말』이란 책자를 간행하였는데, 여기에 위 시말서에 있는 '형장요도'가 소개되었다. 이에 의하면, 이 시말서는 제9사단 군법회의 검찰관 네모토根本莊太郎가 작성한 것으로 1989년에 간행된 『검찰기록 이이륙사건2』에 실려 있던 것으로 확인된다. 이를 근거로 하여 1993년 11월에 윤봉길의 조카인 윤주는 박인조의 안내로 가나자와의 순국지를 답사하였으며, 1999년 5월에는 오오토고오大戶宏도 현지 일대를 방문 한 바도 있으나 현장을 확인하는 데는 한계가 있었다.

2002년에는 일본 방위청 방위연구소내의 도서실에 수장되어 있는 1932년도분의 「윤봉길 사형집행전말보고」가 발견되기에 이르렀다. 이 자료는 1932년 12월 21일 제9사단장 아라마키荒蒔義勝가 육군대신 아라키荒木貞夫에게 보낸 보고서이다. 여기에는 '형장요도'와 함께 윤봉길의 최후의 사진이 들어 있어 충격을 준 바 있다. 이 '형장부근위치요도'는 위 시말서에 들어 있는 '형장요도'와 같은 것이다.

「윤봉길 사형집행전말보고」에 의하면, 사형장은 "이시카와현石川縣 이시카와군石川郡 미쓰고지三小牛地에 있는 가나자와육군작업장의 서북쪽 골짜기"이며, 동방에 7미터 높이의 단애斷崖가 있는 곳"이다. 그런데 이 「윤봉길사형집행전말보고」보다 앞에 소개한 「사형집행시말서」의 내용이 보다 더 구체적이다.

형장은 가나자와에서 오바라小原에 이르는 도로의 동쪽에 있는 이시카와石川군 소재 가나자와육군작업장 서북쪽 골짜기. 그 동쪽에는 7미터 높이

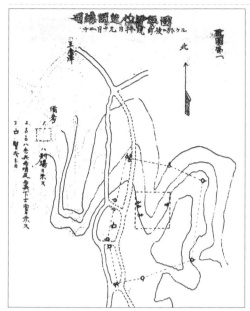
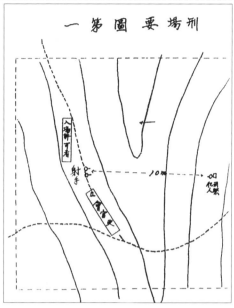

윤봉길 사형집행장 약도 (『만밀대일기』, 1933)

의 벼랑이 있고 벼랑 앞 3미터 지점에 형가刑架를 세운 다음 서북쪽 10미
터 지점에 사수 위치를 잡았으며(후략)

형틀의 위치가 '벼랑 앞 3미터'라고 하여 전말보고서보다 더 정확한
위치를 알려준다. 즉, 윤봉길이 벼랑에서 3미터 떨어진 곳에서 사형을
당하였음을 알게 한다.
　윤봉길의 순국지를 찾는 작업은 2008년 SBS에서 특집 방송을 방영
하는 과정에서 진행된 바 있다. 2009년에는 독립기념관의 일본사적지

실태조사단(단장: 김상기)이 가나자와에 있는 윤봉길관련 사적지를 일괄 조사하였다. 이때 윤봉길이 도착한 모리모토森本 역, 9사단사령부, 위수구금소, 암장지 등을 답사하였으며, 그동안 찾지 못했던 순국지를 형장요도를 토대로 답사하고 사진 촬영을 한 바 있다.

2010년 12월에는 일본의 이시카와현 한국거류민단(단장: 변종식)에서도 순국지를 확인하는 작업을 진행했다. 민단에서는 1956년과 2002년의 등고선 지도를 비교 검토하고 현지를 조사하여 2008년 SBS에서 발표한 곳과 같은 위치로 추정하였다. 한편 2011년 2월에는 다큐피디 김광만이 순국 장소에 대한 조사를 시도하여 정확한 장소를 확인했다는 언론의 보도도 있었다.

독립기념관에서는 2011년 2월에 '윤봉길의사순국지 학술조사단(단장: 김상기 한국독립운동사연구소장)'을 조직하고 자료 조사를 진행하였다. 1933년 5월 30일 '대일본제국육지측량부'에서 발행한 가나자와의 지형도(소화 5년 측도, 소화 8년 발행)를 토대로 1932년 만밀대일기에 있는 '형장요도'와 비교하고, 현재의 가나자와의 지형도와 비교하는 작업을 수행하였다. 이 작업 과정에 매핑코리아 최선웅 대표와 서울대 김종옥 교수의 지도와 자료 제공을 받았다. 그 결과 정확한 순국지의 위치를 확인할 수 있었다. 동시에 가나자와시의 '윤봉길의사와 함께 하는 모임'(회장: 다무라 미츠아키田村光彰 교수)과 연결하여 현장 조사를 공동으로 진행하고자 하였다. 현장을 조사하여 지형의 변형 여부를 조사하면 순국지에 대한 보다 정확한 위치를 확인할 수 있을 것이다.

독립기념관 학술조사단에서는 2012년 3월 한국의 외교통상부를 통

사형집행 원경(만밀대일기)

순국지 원근, 도로 건너 큰 나무 뒤에 있는 숲속에서 순국

하여 일본의 외무성과 방위성 육상자위대 측에 윤봉길의사 순국장소에 대한 학술조사를 요청하였다. 그러나 일본 정부는 독립기념관의 학술조사단이 신청한 순국지에 대한 학술 조사를 허가하지 않고 있다. 일본 방위성에서 2012년 6월 한국의 외교통상부에 보낸 문서에 의하면 "삼소우산 연습장은 사격장으로서 일본인 외국인을 불문하고 민간인의 출입을 인정할 수 없으므로 한국독립운동사연구소의 현장 출입을 허가할 수 없다"는 내용이었다. 더욱이 한국의 학술조사 요청 후에는 입장을 불허한다는 한글로 된 간판까지 설치하였다. 그러나 그곳은 사격장과는 관련이 없는 일반 작업장이며 깊은 산속에 위치해 있는 곳이다.

윤봉길의사 순국지 답사기

가나자와를 다녀오다

너이도 만일 피가 잇고 뼈가 잇다면

반다시 조선을 위하야 용감한 투사가 되어라.

태극에 기발을 놉피 드날리고

나의 빈무덤 압헤 차저와 한잔 술을 부어 노으라

위 글은 매헌 윤봉길의사가 홍구공원 의거를 앞두고 어린 아들 모순
과 담을 생각하면서 쓴 글의 일부이다. 윤의사는 이어서 아비 없음을 슬
퍼하지 말라면서 나폴레옹 같은 인물이 되기를 바란다고 했다. 거사를
앞 둔 윤의사의 안타까운 아버지의 정이 물씬 담겨 있어 읽는 이의 심금
을 울리게 한다.

일제강점기 윤의사는 고향인 예산의 덕산에서 일제의 통치보다 무서
운 것이 무지라면서 농민의 계몽에 앞장섰으며, 월진회를 조직하여 농
민의 생활개선을 도모하였다. 그러나 일제는 윤의사의 소박한 꿈을 이
루게 두지 않았다. 윤의사는 처음부터 혁명가는 아니었다. 그러나 그는
'토끼와 여우'라는 연극 때문에 경찰서에 불려가 고초를 겪고, 이어서 광

주학생운동의 소식을 듣고 독립운동에 투신하기로 결심하였다. 시골의 건실한 농촌계몽운동가였던 윤의사를 그토록 화나게 한 것은 다름 아닌 일제의 식민통치 그 자체였다. 그는 부인 배씨에게 '물 좀 한 그릇 주오'라는 말로 영결하고 상해를 향해 집을 나섰다.

그는 백범 김구 주석을 만나 '마음의 폭탄'을 가슴 속에 지니고 상해로 왔다면서, 이봉창의사와 같은 임무를 맡겨줄 것을 요청하였다. 곧 그는 한인애국단에 가입하고 왜적을 도륙할 것을 맹서하였다. 마침내 1932년 4월 29일 상해 홍구공원(현 루쉰공원)에서 열린 일본군 전승기념식에서 그는 시라카와 대장과 일본군 제9사단장 우에다를 비롯하여 상해점령의 승리를 외치던 침략의 원흉들에게 폭탄을 던져 천벌을 내렸다.

현장에서 체포된 윤의사는 그 해 5월 25일 일본 군법회의에서 사형선고를 받았다. 그후 일본의 오사카 위수형무소로 이감되었다가 상해침략의 주력군이었던 9사단 사령부가 있는 가나자와로 이송되어 11월 19일 새벽에 부대 내의 으슥한 산속에서 총살형을 당하여 순국하였다.

필자는 독립기념관에서 시행하고 있는 해외 항일사적지 실태조사의 일환으로 2013년 4월 24일부터 2일간 윤의사의 사적지를 조사하기 위해 일본 이시카와현 가나자와를 방문하였다. 가나자와는 일본의 혼슈本州 중앙에 위치한 교토京都에서 북쪽으로 약 255km 떨어진 곳으로 일본해 가까이 위치한다. 조사단의 목적은 윤의사가 가나자와에 도착한 이후 순국하여 일본군 묘지 옆의 길가에 암장되었다가 해방 후 발굴되어 반장되기까지의 행적을 추적하는 것이었다.

필자 일행은 4월 24일 11시경 가나자와 시에서 1시간 거리에 있는 이시가와 현의 도야마공항에 도착하였다. 가나자와에서 '윤봉길의사암장지적비'를 관리하고 있는 박인조 선생께서 마중을 나와 계셨다. 7년 만의 반가운 재회였다. 우리는 우선 모리모토森本역으로 향했다. 모리모토 역은 일본의 북릉 본선北陸本線 가나자와 역에서 북쪽으로 5.4km 떨어진 곳에 위치한다. 일제는 윤봉길의사를 오사카 육군위수형무소에서 가나자와에 있는 9사단 사령부로 연행하면서, 만약의 사태에 대비하여 가나자와 역을 지나쳐 시골의 조그만 역인 모리모토 역에 하차시켰던 것이다. 현재 모리모토 역은 2층 건물로 변해있었지만, 지금도 논밭으로 둘러싸인 마을에 위치해 있어 한적한 느낌이 들었다. 윤의사는 이곳에 도착하여 9사단 헌병대에서 파견한 헌병들에 인계되어 비밀리에 가나자와 위수구금소에 갇힌 것이다.

우리는 윤의사가 하루 밤을 지낸 위수구금소를 찾아가기로 하였다. 위수구금소는 9사단사령부 청사 앞에 위치해 있었는데, 현재 군부대는 없어지고 가나자와 성 공원으로 개방되어 있었다. 일본인들은 윤의사의 처절한 순국의 역사에 대하여 아무것도 모르는 채 즐거운 오후를 보내고 있었다. 우리는 일본의 관광객들과 함께 공원으로 들어갔다. 77년 전 윤의사는 헌병호송차에 강제로 실려 이곳으로 끌려왔을 것을 생각하니 발걸음이 무겁고 침통해졌다. 우리들은 성 안으로 들어가 위수구금소의 위치를 확인하였다. 마침 일본인 자원봉사 안내인이 지참하고 있는 9사단의 부대 배치도를 구해 대조하니 구금소의 위치가 틀림없었다.

윤의사는 이곳에서 하룻밤을 보냈을 것이다. 당시 간수의 말에 의하면 윤의사는 한숨도 못잔 것 같았다고 하니 안타까울 뿐이다. 다음 날인

1932년 11월 19일 새벽 4시경 윤의사는 헌병대에 끌려 미쓰고지 육군 작업장의 서북쪽 한구석에 도착하였다. 9사단 군법회의 검찰관이 사형을 집행하다면서 '유언은 없는가'라고 말하자, 윤의사는 '사형은 이미 각오했다. 아무런 할 말이 없다'고 눈이 가려지는 것을 받아들였다.

윤의사의 홍구공원 의거는 일본군의 상해사변 전승축하식을 무색하게 만들기에 충분하였다. 시라카와 대장을 비롯하여 일본군 수뇌부들에게 철퇴를 가했고 장개석 총통이 말한 대로 중국군 백만 대군이 해내지 못한 일을 윤의사 혼자 해냈다. 만보산사건 이후 뒤틀려있던 중국인들의 한국인에 대한 감정이 풀리는 계기가 되기도 하였다. 중국정부는 이후 대한민국임시정부에 적극적인 지원을 아끼지 않았으니 한 개인으로서 이렇게 영향력 있는 행위를 성사시킨 인물이 어디 그리 흔하랴.

윤의사는 자신이 한 일에 대해 아무런 갈채도 받지 못한 채 북풍이 부는 깊은 산속에서 외롭게 순국하였다. 아무리 애써 침착하고 담력이 강한 듯 했지만, 추운 새벽 스산한 산속에서 얼마나 두렵고 무서웠을까! 그러나 아직껏 윤의사의 한이 어린 순국의 현장을 찾아 한을 풀어준 이가 없는 것 같다. 그보다도 아직까지 도대체 윤의사가 망국의 한을 품고 순국한 곳이 어느 곳인지도 확인이 안되고 있는 실정이다.

필자는 2002년 가나자와를 방문했을 때 암장지를 찾아가 추도식을 올린 바는 있으나, 순국한 장소는 여전히 일본 자위대 경내이어서 들어가 보지 못했다. 이번에도 역시 암장지에 먼저 가서 추도식을 거행하였다. 박선생이 우리 일행을 위하여 현수막도 준비하고 제수도 비교적 성대하게 준비하였다. 박선생 자신이 직접 제작한 앰프를 설치하고 일본인 승려의 독경이 이어졌다. 윤의사의 유해는 1946년 3월 3일간에 걸쳐 발굴되어 서울의 효창공원에 모셔져 있다. 그러나 이곳에는 아직도 윤의사의 유발이 남아 있고 지석과 사진을 모셨으니 제2의 묘역으로서 의미가 있다고 하는 박선생의 주장도 일리가 있었다. 1시간여에 걸친 추도식을 마치고 시내로 들어가는 길에 윤의사가 순국한 육군작업장 입구를 향했다. 그러나 역시 철문이 굳게 닫혀 있어 들어갈 수 없었다.

7년 만에 방문했는데 이번에도 윤의사의 순국지를 갈 수 없다는 게 못내 아쉬웠다. 그래서 다음 날 다시 그 철문 앞까지 갔다. 지역 주민으로 가장하고 철문 옆 샛길로 진입하였다. 안내해주는 분이 두려움을 느끼는 것 같았으나 우리는 못들은 척 안내인의 증언을 들으면서 깊숙이 들어갔다. 그러나 정작 안내인의 어릴 적 기억만으로 현장을 찾아낼 수 없었다. 군부대 내이기 때문에 평소에 들어와 확인할 수도 없었을 것이다. 일본군 보고서에 설명되어 있는 폭이 10미터 정도 되는 곳에 벼랑이 있는 지형을 아무리 찾아도 없었다. 우리는 허탈하게 안내인이 인도하는대로 산비탈을 내려와 무사히 도로로 나와 탑승하니 어느덧 오후 5시 반경이었다. 고마쓰 공항에서 도쿄행 비행기 출발시간이 7시 45분이었으니 공항으로 향하지 않으면 안되는 상황이었다. 그러나 그대로 돌아갈 수는 없었다.

군부대 인근을 빠져나가는 차속에서 일본군 보고서에 있는 지형도를 안내인에게 보여주면서 뒤편에 순국지를 향해 나 있는 길 입구까지 안내해달라고 했다. 다행히 그곳은 쉽게 찾을 수 있었다. 우리는 거꾸로 뒤쪽에서부터 순국지를 향해 올라갔다. 시골 마을을 지나 약 1km쯤 올라가니 철문으로 길이 막혀 있었다. 이곳에도 역시 출입금지라는 안내판이 있었다. 과연 그곳에서 뒤돌아보니 마을에 난 길과 마을 뒤쪽에 형성되어 있는 구릉 지대가 보고서의 지형도와 거의 일치했다. 큰소리로 일행에게 지형도를 보이면서 현장의 위치를 설명하였다. 모두가 공감하는 분위기였다. 현지 안내인 역시 그동안 찾고자 했던 현장 부근에 있다는 말에 긴장하는 듯 했다. 그러면서도 비행기 시간이 촉박하니 출발해야한다는 것이었다. 비도 내렸다. 잠시 망설였으나 7년 만에 와서 더욱이 윤의사의 순국지 근처까지 왔는데, 발만 뻗으면 그곳에 도달할 수 있는 거리인데 하는 생각에 미치자 도저히 그대로 돌아갈 수 없었다.

시간이 없다고 생각하니 달려 들어가는 수밖에 없었다. 부대에서 설치한 경계선도 나를 막지 못했다. 줄을 넘어 숲속으로 들어갔다. 잡목이 뒤엉켜 있어 속도를 낼 수 없었다. 나뭇잎에 맺혀 있는 빗물이 안경에 튀어 앞이 잘 안보였지만 가로질러 가니 갑자기 한길이 넘는 내리막이 나타났다. 밑으로 내려가니 평지가 길게 북쪽을 향해 내려가고 폭은 10미터는 됨직했다. 동쪽을 향해서는 마치 축대를 쌓은 것 같이 가파른 언덕이 가로 막고 있었다. 높이는 15미터는 되어 보였다. 윤의사가 순국한 곳의 지형과 흡사했다. 순간 오싹하고 스산한 분위기가 느껴졌다. 정말 이곳에서 윤의사가 순국하였을까. 잠시 묵념 기도를 올렸다. 이어서 안내인과 일행들이 도착하였다. 비행기 시간 때문에 오래 체류할 수는 없었다. 더 깊숙이 들어갈 수도 없었다. 그러나 그곳 부근에서 우리는 윤의사의 숨결을 느낄 수 있었다. 사진촬영을 하고 GPS로 위치도 확인하였다. 우리는 자동차를 타고 차안에서 흥분을 가라앉히면서, 교통신

호도 무시한 채 달려 비행장에 무사히 도착하였다. 다행히 신발과 바지에 묻은 흙을 닦아낼 수 있는 시간은 남아 있었다.

윤의사의 홍구공원 의거 현장에는 이를 기념하는 매헌정이 건립되었다. 금년 4월 의거 77주년을 기념하여 윤의사의 호를 따 '매헌 梅軒'으로 수정되어 한중우호의 결실을 보았다. 안중근의사가 순국한 뤼순에도 기념관이 세워져 있다. 윤의사의 순국지에 추모비를 건립하여 맺힌 한을 풀어드리는 일은 우리의 몫으로 남아 있다. 내년은 한일강제병합이 이루어진지 100주년이 되는 해이다. 바라건대 윤의사의 순국지에도 추모비를 건립하여 한일 간의 민족적 화해의 계기가 되기를 기대한다.

－『백범회보』 제24호, 2009년 가을호

윤봉길의사가 순국한 바로 그 시각, 덕산 시량리 윤의사의 어머니는 아들이 안마당으로 달려들어오는 꿈을 꾸었다. 외마디 소리로 자기를 부르고 있었다. 어머니는 반가워 두 팔을 벌려 허우적대면서 꿈에서 깨어났다. 그날 사랑방 대문 띠장이 천둥 벼락 소리에 부러져 나갔다. 12월 추운 날씨인데도 갑자기 폭우가 쏟아지면서 가야산 기슭 장군봉이 때 아닌 뇌성 벽력에 무너져 내렸다. 장군봉 아래 동네 정씨네 초상집에 모여 있던 사람들은 그 이변에 놀라 어쩔 줄 몰라 했다고 전한다. 며칠 후 시량리 고향집에 윤의사의 순국 소식이 전해졌다. 국내의 모든 신문이 윤의사의 순국 사실을 앞 다투어 실었다. 배씨 부인은 베틀에 올라 베를 짜던 중에 남편의 비보를 들었다. 비보를 접한 배씨부인은 베틀에서 내려올 줄도 모르고 "그렇습니까? 각오는 하고 있었습니다"라 하고 울음마저 삼킨 채 그대로 있을 뿐이었다.

윤의사의 순국 후에도 일제의 가족에 대한 감시는 여전했다. 친일배들의 차별과 학대도 이어졌다. 그러던 어느 날 윤의사의 유품이 집에 전달되었다. 핏자국 묻은 얼룩진 흰 손수건에 거사 당시에 차고 있던 회중시계와 중국 중앙은행 발행의 2각 짜리 지폐 한 장, 그리고 은전 아홉 개가 인장과 함께 싸여 있었고, 알이 없는 안경집이 있었다. 회중시계는 거사 직전에 김구와 교환한 것이었다. 가족들은 유품을 끌어안고 울음을 터뜨렸다.

윤의사의 부친인 윤황은 아들이 사형당했다는 소식을 듣고 1933년

2월 7일 예산경찰서에 가서 '유골이라도 보내주기를 간곡히 아비의 입장에서 부탁한다'면서 가나자와 위수구금소 앞으로 혈서로 유골 인도신청서를 제출하였다. 일제는 감옥령에 의해 화장한 후 묘지에 매장한 후로는 유골을 제공할 수 없다면서 유골 신청을 무시하였다. 윤의사는 화장하지 않고 매장하였음은 주지의 사실이니 일제의 거짓된 처사를 분명히 알 수 있다. 오히려 유골봉환을 요구하였다고 하여 부친은 덕산주재소에 불려 다니며 심문을 받았으며 더욱 삼엄한 감시를 받았다. 모친은 아들의 순국 이후에도 괴롭히는 경찰들이 오면 '나마저 죽여다오'하며 안간 힘을 쓰기도 했다.

배씨부인은 남편의 죽음 소식을 듣고 앞이 깜깜했다. 그러나 어쩔 도리가 없었다. 입술을 깨물려 남편의 의로운 죽음을 체념할 수 밖에 없었다. 덕산보통학교에 들어간 아들이 선생으로부터 공공연히 모욕을 당하고 애들한테도 따돌림을 당했다. 그래서 운동장 한 구석에서 울기 일쑤였다. 배씨 부인은 가슴이 찢어지는 듯 했다. 그러나 그때마다 "너의 아버님은 훌륭한 일을 하시고 돌아가셨다"며 아들의 등을 두드려 주었다. 윤의사의 아들 윤종(1927~1984)은 상해의거 다음 해에 덕산보통학교에 입학하였는데, 호소다니細谷라는 일본인 교사가 '조선에서 제일 못된 놈의 집안이 예산하고도 덕산에 있다. 그 집안 아이가 바로 우리 학교에 있다'면서 어린 아들의 마음을 멍들게 하였다.

충격을 받은 윤종은 학교를 다닐 수가 없어 삼촌 윤남의를 따라 서울로 올라갔다. 삼촌은 조카에게 자습을 시킨 후 중학교에 입학시키려 백방으로 노력했으나 쉽지 않았다. 그러던 중에 먼 친척인 윤정희가 서울의 본정本町 경찰서의 고등계 형사로 있는 것을 알고 찾아가 조카의 입학을 상의하였다. 일본 와세다 대학을 나온 윤정희는 파평윤씨 집안이었다. 윤정희는 윤남의를 보인상업학교 이사장인 이종석 집에 안내하고 윤종의 입학을 부탁하였다. 이렇게 고등계 형사의 도움으로 윤종은 내수동의 보인상업학교에 입학할 수 있었다. 윤종은 그 후에 서산농고, 홍성고교를 졸업하고 성균관대학교에서 경제학을 전공하였다. 졸업 후 모친 배용순 여사를 모시고 농림부의 공무원으로 근무하였으며, 퇴직 후 사업을 하다가 1984년에 58세로 별세하였다. 윤종의 후손으로는 이화여대를 졸업하고 주식회사 '대지'의 이사와 독립기념관의 이사를 역임한 윤주경 등 6명의 딸과 고려대학교를 졸업하고 현대자동차에 근무하고 있는 외아들 윤주웅이 있다. 차남 윤담은 부친의 얼굴도 못보고 애석하게도 9살 나이인 1938년에 병사했다.

시량리의 본가는 가뜩이나 어려운 살림에 일제의 탄압으로 이중고를 겪어야 했다. 다행히 일제의 감시에도 불구하고 뜻 있는 이들의 위로와 격려가 있었다. 윤의사가 순국한 12월 19일자로 미국의 켄터키주에 거주하는 한일진韓一眞으로부터 아래와 같은 편지와 함께 25불의 성금이 왔다.

존체후 만강하옵시기를 심축하옵나이다. 생은 일찍이 영윤令胤과 거래세음조去來細音條가 있었다가 아직껏 기소부조其所負條를 청장淸帳치 못하여 민울悶鬱히 지내옵니다. 이제 약간 수입이 있사와 전일 부채를 환근還根하려 하오나 아직도 저액을 청정淸呈할 수는 없습니다. 할 수 있는 힘을 다하와 소액이나마 25불을 우편으로 보내오니 사령査領하시고, 시생侍生의 불민함을 과책過責치 마시기를 복망하옵나이다. 일후 힘이 생기는대로 남은 빚을 다 갚으려 하오니 후서厚恕하시고 차금을 친수親收하시와 감책하여 주시기를 천만 복망하옵고 공축恭祝. 여餘는 기후 만안하나이다.

12월 19일 한일진 배상

한일진은 윤봉길한테 빌린 돈을 갚지 못하다가 이제 수입이 있어 이전의 부채를 갚는 것이라 하였다. 그 후에도 한일진은 150불을 보내주었다. 한일진은 청도에서 미국으로 갈 때 여행비를 빌린 적이 있었다. 윤봉길은 남은 여비를 모두 한일진에게 주고 자신은 청도에 남아 세탁소에서 여비를 마련하여 상해로 갔던 것이다.

윤봉길의 순국 후 김구를 비롯하여 임시정부 요인들은 상해의거일인 4월 29일과 순국일인 12월 19일이 되면 매년 기념행사를 열었다. 그 중에 1938년 12월 19일의 행사 기록이 한국국민당 기관지인 『한민』 1938년 3월 1일자에 실렸는데 이를 소개하면 다음과 같다.

모지에서 상호 10시 모 장소에서 일반 동포가 모여 윤의사의 취의5주년 기념식을 장엄하게 거행하였는데 당시 한인애국단 단장으로서 윤의사를 지휘하던 김구선생이 주석하여 여러 가지 절차를 행한 중 엄항섭씨의 상세한 력사보고와 호우진 리청천 두 선생의 정중한 기념사가 있었다 한다.

미주에서도 한인들은 윤봉길이 순국했다는 소식을 듣고 추도회를 개최하였다. 1932년 12월 26일 오후 8시에 로스엔젤레스의 홍사단소에서 국민회 주최로 추도식이 있었다. 이 추도회에서는 LA 여자애국단의 현신성 단장과 흥사단 김성권 이사부 대표의 추도사가 있었다. 또 샌프란시스코 지방회도 같은 날 7시 30분에 한인예배당에서 추도회를 개최하였다. 홍언의 윤봉길의 약력 발표가 있었으며, 김훈의 추도사가 있었다. 또한 중가주 지방의 한인들도 같은 날 오후 2시에 교회에서 80여 명이 모여 추도식을 거행하였다.

해방과 함께 임시정부 요인들은 속속 환국하였다. 김구는 개인 자격으로 1945년 11월 26일 귀국하였다. 김구는 귀국 직후 신문을 통하여 윤봉길의사의 유가족을 만나고 싶다고 광고하였다. 김구가 유가족을 찾는다는 소식에 윤봉길의 둘째 동생 윤성의尹聖儀는 12월 2일 조카 윤종을 데리고 상경하여 오전 11시 반에 경교장에서 김구를 만났다. 윤종은 당시 서산농림학교 3학년에 재학 중이었다. 그 자리에서 김구는 윤종의 손을 잡고 유족의 상황을 묻고 격려하였다. 그리고 13년 전 윤봉길을 만난 이야기부터 홍구공원 의거의 진행 과정에 대하여 상세한 전말을 설명해 주었다. 윤종은 김구를 만나고 나와 다음과 같이 말했다.

웬일인지 가슴이 터지는 것 같아서 김구 선생을 바로 뵈옵지도 못했습니다. 소학교 때에 세곡細谷이란 일인 교원은 나를 이 세상에서 제일 나쁜 아이라고 전교에 선전을 하고 구박을 받던 생각을 하면 이가 갈립니다.

또 조선일보에는 자신의 포부를 다음과 같이 밝혔다.

상해폭탄사건시 저는 겨우 다섯 살이었습니다. 아버지의 모습을 단지 사진을 보고 머리에 그려볼 뿐입니다. 상해사건이래 일본관헌의 압박이 혹독하여, 저뿐 아니라 우리 일가 전체의 진학을 저지당하였으므로 저는 중학을 다니고 장차 정치학을 전공하여 볼까하던 희망도 끊어지게 되어 할 수 없이 농림학교에 들어갔습니다. 이제 해방이 되었으니 정말 마음 놓고 내 뜻대로 정치학을 전공할까 합니다.

-『조선일보』, 1945년 12월 3일

김구는 1946년 4월 27일 덕산 윤봉길 생가를 찾아갔다. 정거장에서 고택까지는 황토를 깔아 국왕의 예우를 하였다. 김구는 윤의사의 부모를 비롯하여 미망인 배용순 여사 그리고 아들 윤종 등 유족을 예방하고 위로하였다. 고택 앞에서 김구를 비롯한 안재홍 민정장관 등 각계 인사들이 참석한 가운데 의거 14주년 기념식을 거행하였다. 예산군의 인사들이 거의 참석하였고, 다른 지역에서도 부인회, 청년회, 경찰서, 학교 등지에서 대표들이 참석하였다. 인근의 주민들도 참석하여 인산인해를 이루었다.

식은 기념준비회장 김병욱의 개회사에 이어 김구의 기념사 그리고 조경한의 보고가 있었다. 오후 4시에 식을 마친 김구는 조성환 전 임시정

윤봉길 가족과 김구

부 군무부장과 함께 윤의사의 집에서 하루 밤을 묵었다. 그날 밤 김구는 '어디서 장례식을 치르면 좋겠소?'라고 부친과 유해 봉안과 영결식에 이르는 절차까지 상의했다. 부친은 온 가족을 모아놓고 가족회의를 열었다. 그리하여 '중앙에 일임하도록 하자. 고향이든 어디든 그분들의 의사에 일임하자'고 결론짓고 그 뜻을 김구에게 전달하였다.

해방 후에 배씨 부인을 만난 김구는 '친딸과 같이 생각하겠다. 살기가 어려울테니 서울로 올라오라'고 권했다. 김구는 틈틈이 배 여사에게 생활비를 부쳐주었다. 송금 명목은 '백범이 집주인 윤봉길씨에게 오래전에 진 채무를 갚아주는 형식'이었다 한다. 배씨 부인은 김구의 배려로 서울 대병원에서 부인병을 치료받았는데, 퇴원하기 전날에 김구는 암살을 당했으니 부인은 억장이 무너지는 심정이었다. 배씨 부인은 1955년 서울의 아들집으로 이사와 살다가 1988년 7월 작고했다.

1946년 4월 29일 해방을 맞이하여 처음 맞이하는 상해의거일이었다. 서울운동장에서 상해의거를 추모하는 기념대회가 열렸다. '윤열사의거 기념회'의 주최로 열렸는데, 이 기념회를 발기한 이들은 이승만과 김구를 비롯하여 조소앙, 김창숙, 김규식, 권동진, 홍진, 안재홍 등 각계 인사 83명에 달했다. 기념식은 4월 29일 오후 1시부터 엄숙히 개최되었다. 식장의 중앙에 제단을 차리고 윤의사의 영정을 모셨으며, 각 정당과 단체 대표, 유가족, 내빈과 학생 등 수만 명이 참석하였다.

기념식은 국기게양과 애국가 합창에 이어 김구의 기념사가 있었다. 조경한의 약력보고와 엄항섭의 의거 상황 보고가 있고, 2분간 묵념이 있었다. 경기고녀와 이화대학 합창대의 합창에 이어 이승만의 축사가 있었다. 이어 홍진과 러취(Lerche, A.L) 군정장관의 축사를 뉴맨 공보국장이 대독하였으며, 중국교민대표 정원간과 조소앙의 축사에 이어 공산당 대표 홍남표, 한민당 대표 김성수, 인민당 대표 신경철, 신민당 대표 백남운, 재미한족연합회 대표 한시대 등 여러 내빈의 간곡하고 정중한 축사가 있은 후 김구로부터 유가족에게 위문품 증정이 있었다. 유가족 대표로서 윤의사의 외아들인 윤종은 다음의 감격에 넘치는 답사를 하였다.

아버님이 떠나실 때의 일은 알지 못합니다. 그러나 어머님과 삼촌들에게 들어 잘 알고 있습니다. 우리나라가 해방한 오늘 전 국민이 아버지의 거사를 빛내주니 영광스러운 일로 감격 뿐입니다. 그리고 아버님이 사형을 받았다는 소식을 들은 때는 마침 어머님이 베를 짜고 계셨는데, 손도 쉬지 않고 '그렇습니까? 각오는 하고 있었습니다.'하고 아무런 말씀을 안하셨다 합니다. 나는 이 어머님의 태연하심도 아버지의 감화로 생각할 때, 아버지의 굳은 절의를 더 잘 알 수 있게 되며, 아버지의 이름을 들어, 되도록 훌륭한 국민이 되겠습니다(『동아일보』, 1946년 4월 30일).

기념식은 김규식 박사의 선창으로 '조선독립만세'를 외치고 5시경에 끝마쳤다.

유해봉환

유해 발굴과 봉환은 해방된 다음 해인 1946년 3월에 유해봉환단에 의해 추진되었다. 해방이 되자 그 해 11월에 윤봉길의 고향인 예산군 덕산에서는 '윤봉길선생유골봉환위원회'가 조직되었다. 위원장에는 정인영이 선임되었으며, 200여 명이 참여하였다. 이 위원회의 대표로서 김관용金寬龍이 1945년 11월 29일 상경하여 김구에게 그 취지를 전달하였다. 임시정부에서는 윤봉길을 포함한 이봉창, 백정기 삼의사의 유해봉환과 기타 비석 건립 등 현양 사업을 정부 차원에서 시행하겠다면서 지방 위원회의 동의를 받았다. 이에 따라 예산에서 건립된 위원회는 해소

되었다. 유해봉환단은 동경에 있던 박열을 비롯하여 신조선건설동맹과 재일본한인건국청년동맹의 중심 인물인 이강훈과 서상한 등에 의해 조직되었다.

박열(1902~1974)은 상주 출신으로 경성고등보통학교에 재학할 당시 3·1운동에 가담한 혐의로 퇴학당하고 그 해 10월경 일본으로 건너가 동경의 세이소쿠正則 영어학교에서 수학하였다. 1922년 4월 정태성鄭泰成 등과 무정부주의를 표방하고 일제 타도를 위한 활동을 전개하였다. 그는 1923년 9월 일본 황태자의 결혼식에 참석하는 천황을 비롯하여 황족과 내각총리대신, 조선총독 등을 폭살하려는 계획을 세운 일로 체포되어 일본 대심원에서 사형을 선고받았으나 1926년 4월 5일 무기징역으로 감형되어 20여년간 옥고를 치르다가 1945년 10월 17일 출옥하였다.

이강훈(1903~2003)은 강원도 김화 출신이다. 1919년 고향에서 3·1운동에 참가하고, 이듬해 상해로 망명하였다. 그는 임시정부의 일을 돕다가 북간도로 들어가 국자가局子街의 사범학교에서 학업을 계속하였다. 1924년 사범학교를 졸업하고, 신민부에서 활동하였으며, 1924년 이후 김좌진의 지시에 따라 한족총연합회에 가입하여 활약하였다. 1932년 상해로 들어간 그는 유자명柳子明·정화암鄭華岩·백정기白貞基 등이 조직한 남화한인청년연맹에 가담하여 활약하였다. 그는 남화한인청년연맹의 행동단체인 흑색공포단을 오면직吳冕稙·원심창元心昌·백정기白貞基·이 달李達·김지강金芝江·유기문柳基文·엄순봉嚴舜奉 등과 같이 조직하고 백정기와 같이 아리요시有吉明를 폭살하기 위한 실행을 준비하였다. 그러나 이 계획이 사전에 드러나 6·3정 부근에서 일본영사관 경찰에 체포되었다.

백정기는 나가사키長崎형무소에서 옥사하였고, 그는 나가사키 지방재판소에서 징역 15년형을 받고 옥고를 치렀다. 1940년에 징역 8년 11월 7일로 감형되어 1942년 7월 2일에 그 형이 종료되었으나, 소위 예방구금이라는 판결을 받게 되어, 1945년 10월 10일까지 동경 교외에 있는 부중府中 감옥에 갇혀 있다가 석방되었다.

서상한(1901~1967)은 대구 출신으로, 1918년 일본으로 건너가 메이지대학明治大學 전문부 경제과를 거쳐 세이소쿠正則영어학교에 재학 중 1920년 영친왕 이은李垠과 일본황족 방자梨本宮方子와의 결혼이 발표되자 가례행렬에 폭탄을 투척할 계획을 세웠다. 그러나 일본경찰의 밀정의 밀고로 그 해 4월 11일에 붙잡혀 징역 4년형을 선고받고 복역하였다. 출옥 후 일본에 거주하면서 투옥된 독립운동가를 뒷바라지하는 활동을 했다.

이들 유골봉환단은 윤봉길·이봉창·백정기 3의사의 유해를 봉환하기로 하고 묘지 위치를 확인하였다. 이봉창의사는 1932년 10월 10일 동경의 이치가야형무소에서 사형을 당하고 사이타마현 우라와浦和시에 있는 우라와형무소에 매장되었다. 봉환단은 우라와형무소에서 교회사教誨師로 일했던 일본인을 찾아 이봉창의사가 우라와형무소의 부속묘지에 묻혀있다는 것을 확인하여 유골을 수습할 수 있었다. 백정기의사의 유골은 이강훈이 같은 감옥에서 옥고를 치렀기 때문에 쉽게 찾을 수 있었다. 마지막으로 윤봉길의사의 유골을 찾아야 하는데, 장소를 확인할 수 없었다.

서상한과 이강훈을 비롯한 네 명의 '임시정부유해발굴단'이 가나자와

金澤에 도착한 것은 3월 2일 오전 10시경이었다. 3월 3일부터 위치를 고증받기 시작하여 육군묘지 구내에 묻혔다는 것을 확인하였다. 가나자와에 거주하는 청장년들은 다음과 같이 역할을 분담하고 작업도구를 준비하는 등 발굴을 시작하였다.

발굴본부장: 서성민　　총지휘: 박심섭　　사진: 김창률
현장책임자: 박동조　　정보: 박성조　　수송: 노경수
섭외: 구범식 김기억

　그러나 육군묘지가 넓어 어느 곳에 매장되었는지 알 수가 없었다. 발굴단은 9사단사령부에 찾아가 위치 확인을 요구하였으나 응답을 받지 못하였다. 인근의 고령자들을 방문하여 탐문하였으나 허사였다. 발굴 3일째 되던 3월 5일 총살형에 입회했다는 일본헌병 출신인 소네曾根가 아들의 부축을 받으며 와서 인도 쪽을 가리켰다. 발굴단이 그곳을 파고 도로까지 파들어 갔으나 역시 허사였다.

　발굴 4일째 되던 3월 6일 박성조가 매장할 때 독경을 했다는 각존원覺尊院의 야마모토료도山本了道라는 여승을 데리고 왔다. 여승은 헌병이 가리키던 곳보다 더 육군묘지 가까운 통로를 가리키면서 그곳에 북침으로 매장했다고 알려주었다. 그곳은 며칠 동안 발굴단이 휴식처로 사용했던 장소로 사람들이 다니는 길 한복판 였다. 박동조가 소금을 가지고 와서 일대를 깨끗이 하고 술을 따르는 의식을 마치고 땅을 파기 시작했다. 25센티미터 정도 파니 지층이 달랐다. 다시 60센티를 파자 십자가 형태의 나무 틀이 나오고, 구두가 나오고 관 뚜껑이 보였다. 뚜껑을 열었다. 8푼 두께의 관이었다. 함성이 울렸고 전원이 모여 손으로 흙을 파내니 '홈스 팡'의 상의에는 피의 흔적이 역력했다. 조각 조각된 옷을 제쳐 놓으니 나무 뿌리가 꽉 들어차 있으나 유골이 나타났다. 모두 일손을 멈추고 묵념을 올렸다. 당시 가나자와 외과대학 학생었던 주정균은 이건우와 함께 들어가 맨손으로 정중히 뼈 하나하나를 모았다. 머리 부분에 탄흔이 있는 것을 보고 흐느끼는 대원도 있었다. 주정균의 육성 증언에 의하면, 이마에 총상이 있었고 후두부에 구멍이 있었으며, 옷에 피가 위에서 아래까지 묻어 있었다고 하였다. 그는 수습된 뼈를 정성을 다하여 알콜로 소독하였다. 9시반부터 시작한 유골 수습이 4시간 반이나 걸렸다 한다. 유골은 모두 201개 수습되었는데, 7개가 모자랐다면서 이는 손뼈 등이 고문으로 상하여 13년의 세월을 견디지 못하고 소나무 뿌리 속에서 없어진 것이라고 하였다. 유골을 수습한 후 '순국의사윤봉길지구殉國義士尹奉吉之柩'라고 쓰여진 새 관에 옮겼다.

유해는 가나자와 재일본조선인연맹 본부 사무실에 옮겨졌다가 3월 8일 아침 가나자와 역을 떠나 다음 날 아침 도쿄의 우에노역에 도착하였다. 먼저 발굴한 이봉창·백정기의사의 유해는 동경의 간다神田에 있는 오키쿠보荻久구에 있는 전 일본육군대학 건물 내의 신조선건설동맹 사무실에 모셔져 있었다(자유신문, 1946년 4월 3일). 윤의사의 유해가 우에노역에 도착하자 이미 사무실에 안치되어 있던 이봉창·백정기의사의 유해를 앞세우고 나가 윤의사의 유해를 맞이했다. 그리고 청년동맹원 3,000여 명이 세 의사의 유해를 앞세우고 이봉창의사가 폭탄을 던졌던 앵전

가나자와역에서 동경으로 출발하기 전, 1946년 3월 8일

문 안으로 들어가 이봉창의사를 기리는 연설을 하고 애국가 제창을 하며 일본 왕이 있는 황궁 안을 떠들썩하게 만세 삼창을 하고 다시 본부 사무실에 안치했다. 박열을 비롯한 수많은 동포들과 학생들의 참배가 있었다.

윤봉길의 유품 중에 자색 양복, 중절모자, 검정구두는 같은 해 4월 25일 신조선건설동맹 중앙본부 부위원장을 맡고 있던 이강훈이 외무 부장 유호일, 차장 김정주 등과 함께 가지고 서울로 왔다. 이 유품들은 죽첨동의 김구의 숙소에 안치하였다.

윤봉길을 비롯한 3의사의 유해는 맥아더 사령부의 군함 편으로 5월 15일 아침 9시 부산에 도착하였다. 이들 유골은 부산 중구의 대창정大倉

町(현재의 중앙동)에 있는 부립유치원에 차려진 빈소에 봉안되었다. 김구의 지시에 따라 일본에 있는 교포들을 중심으로 조직된 '대한순국열사유골봉안회'의 대표인 서상한은 건국촉성청년동맹의 박근세, 재일본상공회의 조춘미, 학생동맹의 백상필 등과 함께 윤봉길을 비롯한 이봉창, 백정기, 김청광, 김석수, 홍성주, 박상조 등 7인의 유해를 모셔왔다. 3의사유해는 5월 17일 부산시 본정 부립유치원으로 옮겨 모셨다. 그리고 5월 31일 오후 6시부터 대한독립촉성회 주최로 추도회를 개최하였다.

윤봉길을 비롯한 3의사의 유해는 6월 16일 서울로 옮겼는데, 그 전날인 6월 15일 부산공설운동장에서 추도식이 거행되었다. 추도식을 하기전에 김구는 부산에 도착하여 빈소에 가서 분향하고 참배하였다. 이어서 추도식은 15일 정오 최비봉崔碑鳳의 사회로 거행되었다. 식은 국기배례, 애국가합창, 독립기원의 묵상, 추도주악, 식사가 있은 다음, 서상한으로부터 3의사 약력 보고가 있었다. 이어 각 단체 대표의 분향을 마치고 김구의 훈화와 김상순의 답사가 있었다. 그리고 대한독립만세를 고창하여 폐회하였다.

다음 날인 6월 16일 아침 윤봉길의사는 동생인 윤남의 품에 안겨 김구 일행과 함께 특급 열차 '해방자'호로 부산을 떠나 오후 5시 40분경에 서울역에 도착하였다. 서울역 프래트홈에는 김규식 박사를 비롯하여 원세훈, 조완구, 함상훈 등 정당 단체와 신문사 대표 등이 도열하여 삼의사의 유해를 봉영하였다. 마침 소낙비가 내렸다. 요란하던 전차 소리와 자동차 소리도 빗소리에 묻히고 청년단체들의 조기 앞에서 소년단의 주악소리에 맞춰 마중 나온 이들은 일제히 머리를 숙이고 감격과 비통

부산공설운동장 추도식장, 1946년 6월 15일

의 눈물을 흘리며 3의사의 봉영식을 거행하였다. 봉영식이 끝난 후 유해
는 봉영차에 모셔져 지금의 조계사인 태고사에 안치되었다.

국민장을 거행하다

윤봉길을 비롯한 3의사의 국민장은 처음에는 6월 30일로 예정되었다.
장례위원회에서는 장례식 당일 행사에 다음과 같은 5가지 사항을 신문
을 통하여 전달하였다.

1. 3열사의 국민장일인 30일은 가가호호 국기를 달 것
2. 애도의 뜻을 표하며 자숙하는 성의에서 보통음식점을 제하고 그 외 일체 환락장은 휴업할 것
3. 30일 장의날을 피하여 각 지방에서는 지방마다(부, 읍, 면) 추도식을 거행하되 서울은 19일에 거행할 것
4. 국민장이니만큼 각자의 성의에 의하여 능력껏 부의금을 거출하도록 권장할 것
5. 추도식 절차는 지방 형편에 의하여 적당히 할 것
6. 3열사의 약력은 인쇄중임으로 인쇄 되는대로 즉송하기로 함

연일 조문객이 태고사를 찾아왔으며, 6월 21일까지 수납된 부의금이 12,475원 50전이라고 하였다.

30일 거행하기로 한 장례식은 갑작스런 폭우로 연기되어 7월 6일 거행되었다. 이날 오전 10시에 태고사에서 발인식을 거행한 후 유해를 실은 운구차는 효창원을 향했다. 태극기를 선두로 소년군악대, 각 정당 단체의 화환과 조기, 그 뒤에 무장경찰대가 경호하고 이어서 태극기로 쌓인 큰 달구지 모양의 운구마차를 남학생들이 인도하고 여학생들이 뒤를 따랐다.

윤봉길의사의 운구 마차 앞에는 영정과 함께 십자가 모양의 형틀을 모셨으니 길 옆에 늘어서 있는 시민들의 가슴을 더욱 아프게 하였다. 운구차는 남대문을 지나 12시에 효창원에 도착하였다. 추도식에는 김구와 이승만을 비롯하여 이시영, 여운형, 엄항섭을 비롯하여 5만여 명의 시민

효창원에서 거행된 국민장, 1946년 7월 6일

들이 참석하였다. 오후 1시부터 이강훈의 사회로 시작한 주도식은 조완구의 식사에 이어 김구를 비롯한 여러 명의 제문 낭독이 있었다. 이어서 삼의사의 유족을 시작으로 영전에 분향을 하고 오후 3시 반경에 하관식을 거행하여 장례식은 끝을 맺었다.

....
현양사업
....

1949년 4월 29일 고향인 예산군의 옛 호서은행 앞에 윤봉길 열사비를 건립하였다. 이 비는 상의의거 16주년 기념으로 예산군 교육회와 충청남도선열유적보전회가 건립하였다. 비문은 위당 정인보가 짓고 일중 김충현이 썼다. 제막식에는 김구도 참석하여 이를 축하하였다. 정부에서는 1962년 3월 1일 윤의사에게 건국공로훈장 중장을 추서하여 공적을 기렸다.

1968년 4월 29일에는 상해의거 36주년을 기념하여 덕산에 충의사를 준공하고 영정을 모셨다. 박정희대통령이 참석하여 준공식과 기념제전을 거행하였다. 기념식은 박재복 예산군수의 식사와 충남도지사의 영정제막식이 있은 다음에 박대통령을 비롯한 김종필 공당당 의장, 김용태 의원의 분향과 헌화가 있었다.

1972년 5월에는 대전 충무체육관(현, 한밭체육관)에 윤의사의 동상이 세워졌다. 제막식에 앞서 김남조 시인이 작사하고 나운영이 작곡한 '윤봉길의사의 노래'가 바쳐졌다. 시인 김남조는 '윤봉길의사의 노래'에서 윤의사의 위업이 청사에 길이 빛남을 다음과 같이 노래하였다.

하늘이 내리시는 부신 햇살이

충절의 큰 사적을 말없이 말씀하네

나라 뺏긴 천지간에

나라 찾을 큰 뜻 세워

그 한 몸 황황히 불로 사른 윤의사여

광복의 기맥이 그 불기둥 위에

높이 뻗혔어라

열백번 거듭 나서 사람되어도

순국의 그 장한 뜻 피밭의 꽃였으리

원통하고 욕된 세월

내 나라의 기를 품고

한사코 새 역사를 기약한 윤 의사여

조국의 청사에 그 크신 이름이

길이 빛나리라

윤봉길의사의 유적이 사적지로 지정되고 유품도 보물로 지정되었다. 문공부 문화재위원회는 1972년 8월 16일을 기하여 의사의 생가와 성장가, 부흥원, 사우를 사적지로 지정하였다. 또한 의사의 유품인 일기, 이력서, 한국애국단 입단 선서문, 시계, 도장, 화폐, 월진회 창립취지서, 농민독본, 서신, 형틀대 등 유품 12종을 보물로 지정하였다.

1976년 5월 31일에는 월진회 통장, 월진회기, 편지, 부흥원 대들보, 선서 사진, 위친계취지서, 수저, 등잔대 등 유품 25종이 보물 제568호로 일괄 지정되었다. 이처럼 윤봉길의사의 유품들이 보물로 지정되기까지에는 그의 동생인 윤남의의 공이 컸다. 그는 윤의사가 조직한 월진회에 창립회원으로 가입하여 윤의사의 농민운동에 참여하였다.

그는 1932년 2월 말 경에 윤의사가 사촌형 윤순의에게 보낸 편지에서 "이제 시라가와가 나오는데 가소롭다. 한낱 개미떼 같다"는 내용과 자신에게 보낸 편지 중에 "다시는 살아서 고향에 돌아가지 않겠다"는 내용을 보고서 형님한테 무슨 일이 일어날 것 같은 예감을 하였다. 그리고 윤의사가 망명 전에 쓴 '기사년일기', '월진회취지서' 및 '회원명부' 그리고 편지 등을 방 천장 속에 숨기고 밀봉하였다. 그 덕분으로 윤의사의 귀중한 항일자료들이 해방 때까지 보존될 수 있었다.

임시정부를 적극 지원한 중국의 장개석은 1966년 쌍십절에 윤의사의 유가족을 초청하였다. 윤의사의 아들 윤종과 동생 윤남의는 대만에 가서 국빈 대우를 받았다.

"윤의사는 귀국에만 공이 클 뿐 아니라, 우리나라에도 공이 큰 분입니다. (중략) 내가 장차 본토를 수복하고 남경으로 돌아가면 윤의사의 미망인을 초청하여 지난 날을 회고해 볼 작정입니다."

쌍십절 행사가 끝난 후 1966년 10월 21일 장개석 총통이 이들을 만난 자리에서 미망인을 초청하고 싶다는 뜻을 전하기도 하였다. 또한 장개석은 1968년 3월 27일 아래와 같은 글을 지어 윤의사의 위업을 기렸다.

순리와 역리를 구별하였고　　　別順逆

시비를 변별하였으며　　　　　辨是非

상해의 윤의사기념관, 매헌(梅軒)

대의를 밝혔고	明大義
삶과 죽음을 알았도다	知生死
정기를 천지 사이에 남겨주시어	留精氣在天地之間
의를 취하고 인을 이루었으니	取義成仁
영원히 드리워 썩지 않으리	永垂不朽

1982년에는 부인의 효행을 기려 배용순효부상을 제정하여 지금까지 수여하고 있다. 상해의거 55주년이 되는 1988년에는 서울 양재동의 시민의 숲 공원 안에 매헌기념관을 건립하였다. 1994년 4월 29일에는 상

해의 노신공원 안에 윤봉길의사 기념관인 '매정'을 건립하여 윤의사의 행적을 전시하였다. 원래 그 자리에는 일제가 시라카와의 죽음을 추모하는 탑이 있었는데, 일제가 패망한 후 상해 시민들이 파괴해 버렸다고 한다. 매정은 한국정부의 요구에 의해 2009년 '매헌'으로 개명하였으니 윤의사의 정신은 중국에 길이 전해지게 되었다.

일본의 암장지적과 순국비

윤의사의 유해가 고국에 안장된 지 오래 지난 1990년 가나자와에 거주하는 박인조는 시민의 모임을 만들어 윤의사가 암장되어 있던 곳에 기념비를 세우는 운동을 전개하였다. 박인조는 1946년 발굴시 현장책임자였던 박동조의 동생이다. 그는 1946년 유해발굴 작업에도 참여했는데 가나자와에 살면서 암장지 근처에 자주 왕래했다 한다. 그런데 언제부턴가 윤봉길의 유해가 자주 꿈에 나타났다는 것이다. 그로부터 그는 암장지에 아무런 표시가 없는 것을 안타깝게 생각하기에 이르렀고, 비석을 건립하여 후세의 교육장으로 만들자는 제안을 하였다. 이 제안에 교포뿐만 아니라 일본인들도 참여하였다. 이에 따라 암장지적보존회가 조직되었으며, 이들은 1992년 4월 가나자와시에 영구보존공사계획서를 제출하였고, 9월 가나자와시로부터 설계안의 승인을 받음과 함께 6.6m²의 암장지적을 영구 임대받기에 이르렀다. 이에 따라 10월 16일 착공식을 거행하고 12월 19일 서거 60주년을 기려 '윤봉길암장지적尹奉吉暗葬之跡'이라 쓴 비석의 제막식을 거행하였다.

비석은 기후현의 김상기金相基가 기증한 자연석이며, 휘호는 재일서예가 신인홍申仁弘의 작품이다. 이 비석 아래에는 석실을 만들어 윤봉길의사의 약력을 적은 지석과 영정 그리고 발굴 당시의 유체 사진을 넣어 두었다. 약력에는 다음과 같이 출생과 의거일, 순국일, 발굴일 그리고 비석 건립일을 적었다. 박인조는 이 모든 공사를 감독하고 비석을 건립된 이후 작고할 때 까지 암장지적을 관리하는 데 정성을 다했다.

윤봉길의사

1908. 6. 21	출생
1932. 4. 29	의거
1932. 12. 19	암장
1946. 3. 6	발굴
1992. 12. 19	보존

예산의 월진회에서는 박인조를 월진회 일본지부장으로 임명하고 매년 공동으로 행사를 진행하고 있다. 박인조가 2009년 갑자기 작고하게 됨에 따라 그의 조카인 박현택이 유지를 받들어 암장지적을 관리하고 있다. 또한 일본인들로 구성된 '윤봉길의사와 함께 하는 모임'(회장: 田村光彰)이 결성되어 월진회 일본지부와 함께 윤봉길의사의 업적을 현창하는 사업을 진행하고 있다. 일본 가나자와의 민단지부에서도 1992년 윤봉길의사순국기념비를 암장지적 옆에 건립하여 윤의사의 위업을 기리고 있다.

윤봉길의사 암장지적

윤봉길의사 순국 기념비 앞에서 사적지 답사단

08 상해의거의 역사적 의의

임시정부를 회생시켰다

윤봉길의 상해의거는 임시정부가 일제에 대하여 치명적인 일격을 가한 독립전쟁의 승리였으며, 한국인의 독립정신을 전 세계에 알리는 계기가 되었다. 대한민국 초대 부통령을 지낸 이시영은 해방 후에 임시정부를 물에 빠져 익사하기 직전의 상태로 비유하면서 이를 구해 낸 것이 윤의사라고 평하였다.

"우리가 조국을 되찾고 조국 땅을 밟게 된 것은 모두가 윤의사의 덕이지요. 우리 임시정부와 윤의사를 비겨서 말하자면, 갓난 어린이가 깊은 연못에 빠져서 금방 가라앉는 위급한 찰라에 윤의사가 위험을 무릅쓰고 물속에 뛰어들어 이 어린이를 번쩍 건져 놓았소. 이 어린이가 바로 임시정부였는데 그 덕으로 자라서 오늘 삼천리 강산을 달리고 있는 것이오."

남화한인청년연맹을 조직한 아나키스트 정화암 역시 김구가 임시정부를 앞세워 귀국할 수 있었던 것은 윤봉길의사의 의거의 결과라고 피력하였다.

"내가 명백히 지적해 두는 것은 1932년에 윤봉길의사의 의거가 없었으면 임정이라는 것은 거기서 끝나게 되어 있었습니다. …… 그저 백범한 사람이 처음부터 끝까지 임정의 간판을 메고 다녔지요. 이러다가 윤봉길의사의 의거가 있게 되어 임정이 되살아납니다. 중국 정부로부터 지원받게 되고, 또 해방과 더불어 귀국할 때 그래도 임정을 앞세워 떳떳하게 나서게 되는 것도 모두 윤봉길의 피 하나의 결과입니다."

임시정부가 중국 국민당의 지원을 받는 계기 마련

장개석은 "중국의 대군도 못한 일을 조선의 한 청년이 했다니 정말 대단하다"라고 상해의거를 평했다. 그는 1932년 4월 29일 일기에 다음과 같이 기록하였다.

옛날 사마천이 말한 바에 의하면, 원한 맺힌 사람이 끼치는 해독은 정말 무섭다고 했고, 나라의 원수에 대하여 옛 사람들은 '불공대천의 원수'라고 더욱 소리 높혀 말했으니, 비록 모든 병력을 동원하여 전쟁을 탐하여 침략하기를 좋아하는 자라 할지라도 또한 깨달은 바가 있지 않겠는가.

김구는 의거 후에 강소성 주석인 진과부의 소개로 장개석을 만났다. 김구는 안공근과 엄항섭을 대동하고 남경의 장개석 자택으로 갔다. 장개석은 김구를 만난 자리에서 임시정부를 적극 지원하고 중국군과 연합전선을 펴서 일본군과 싸우게 하겠다고 천명하였다. 이후 남경의 중앙 군관학교 내에 한인훈련반이 편성되었다. 1933년 3월 제1기생으로 99명이 입학하였다. 이청천과 이범석을 교관으로 있었으며 1935년 4월에 62명이 졸업하였다.

윤의사의 상해의거는 장개석이 카이로 회담에서 한국의 즉각 독립을 주장하는 계기를 마련한 것으로 보인다. 김구 주석은 1943년 7월 26일 김규식·조소앙·이청천 등 임시정부 요인들을 대동하고 1943년 12월 1일 개최될 카이로 회담에 임하는 장개석을 찾아가 한국의 장래 지위에 대하여 중국이 '한국독립의 주장'을 관철해 주기를 요청하였다. 카이로 회담에서 장개석은 미국 루즈벨트 대통령과 영국 처칠 수상을 설득하여 피식민지국으로서는 유일하게 국제적으로 전후에 '한국독립'을 약속받았다. 카이로 선언에 이어 1945년 2월 4일 영국·미국·소련의 얄타회담을 거쳐 8월 1일의 포츠담에서도 '카이로회담의 선언 조항은 이행될 것'임을 재삼 확인하였으며, 이에 따라 일제의 항복과 동시에 한국은 독립되기에 이르렀다.

이승만이 『도왜실기』 서문에 다음과 같이 말했다.

우리가 오늘 조국의 광복을 얻는 데에는 원인과 근인이 있다. 그 원인을 찾아 볼 때 윤봉길의사가 상해 홍구공원에서 대의거를 일으킨 때문에 중국 정부는 우리의 독립운동을 적극 후원해 주었으며, 마침내 장개석 총통이 카이로 회담에서 한국의 즉각 독립을 주장한 때문이다.

이와 같이 윤봉길의 의거는 장개석으로 하여금 임시정부에 대한 전폭적인 지원은 물론 카이로회담에서의 한국의 독립을 주장하는데 결정적으로 작용하였다.

한국의 젊은이들을 분기시켰다

1931년 9월 만주사변이 일어나고 만주마저 일제의 수중에 들어가 한민족의 자주독립에 대한 기대는 더욱 멀어져갔다. 이러한 시기에 상해의거는 자칫 체념에 빠지려는 한국의 젊은이들을 분기시켰으며, 독립운동가들에게 힘을 실어주었다. 광복회장을 역임한 이강훈은 그의 자서전 『민족해방운동과 나』에서 자신이 만주에서 활동하던 중에 상해의거에자극을 받고 만주를 탈출하여 1932년 겨울에 상해로 들어갔음을 다음과같이 증언하였다.

나는 윤봉길의사의 의거에 깊은 감동을 받고 삭북의 황야를 떠나 윤의사가 의거를 올린 장소 상해에서, 이왕 죽을 바에야 윤의사와 같이 조국과민족의 자주 독립을 위해서 보람있는 일을 하고 죽으려 하였던 것이다.

그가 상해에 갔을 때는 김구를 비롯하여 임시정부 요인들은 이미 떠난 뒤였으나 백정기를 비롯한 남화한인연맹원들을 만날 수 있었다. 이강훈은 백정기와 함께 상해의 일본 공사 아리요시有吉明를 처단할 '육삼정 의거'를 계획하였다. 그러나 그는 이 거사가 사전에 누설되어 백정기와 같이 체포되어 옥고를 치렀다. 그는 해방 후 동경에서 풀려나 윤봉길을 비롯한 이봉창·백정기 3의사의 유해를 고국으로 봉환하는 임무를 맡았다.

조선의용대원 김학철(본명; 홍성걸)의 경우에도 '윤봉길의 폭탄사건은 나에게 직접적으로 큰 자극을 주었습니다'라고 자신이 항일전선에 나서게 된 것이 상해의거의 영향임을 밝히고 있다.

일제 침략군에 심대한 타격을 주었다

상해의거의 성과는 무엇보다도 중국 상해를 침략하여 점령한 일본 파견군 사령관 시라카와를 비롯하여 군정 수뇌를 전멸시킴으로써 일제에 큰 타격을 준 점에서 찾을 수 있다. 시라카와와 가와바타가 폭사하였으며, 군함 40척과 해군을 이끌고 상해사변에 참전한 노무라 제3함대 사령관은 오른쪽 다리, 왼쪽 팔, 얼굴 등에 파편이 박혔다. 헌병대 해군병원으로 후송되었으나 왼쪽 새끼손가락이 날아갔고 오른쪽 눈이 실명되었다. 우에다 사단장은 발가락 4개가 부러졌으며, 왼쪽 종아리와 오른쪽 팔꿈치, 왼쪽 어깨죽지 왼쪽 종지뼈 등에 파편상을 입었다. 육군병참병원에서 치료하였으나 왼쪽 다리를 절단하였다. 일제는 시라카와의 사망과 제3함대 사령관 노무라와 9사단 사단장 우에다의 부상을 전쟁터에서의 전상사와 부상으로 처리하고 시라카와의 장례식도 육군장으로 치렀다. 이는 윤봉길의 의거가 단순한 테러가 아닌 한인애국단의 정당한 전투행위였음을 스스로 입증한 셈이다.

만주지역에서 한·중연합투쟁의 계기가 되었다

윤의사의 상해의거 소식이 만주에도 전해졌다. 만주지역에서 항일투쟁을 수행하고 있던 조선혁명군은 중국군과 연대하여 작전을 수행하고자 하였다. 그러나 만보산 사건후에 중국인의 한국인에 대한 반감이 심해졌고 한국 독립군에 대한 신뢰 문제로 뜻대로 일이 이루어지지 못하고 있었다. 이러한 상황에 중국의 요녕민중자위군遼寧民衆自衛軍 사령관 당취오唐聚五는 윤봉길의 의거 소식을 라디오로 청취하고 감명을 받았다. 그는 조선혁명군 참모장 김학규가 합작 문제를 협의하기 위해 찾아오자 합작 협정에 기꺼이 서명하기에 이르렀다. 그 결과 조선혁명군은 영릉가전투와 같은 한중연합전투를 수행하여 승리를 거둘 수 있었다. 이후 한중 양국이 우호와 협력의 길을 쌓아 온 것 역시 상해 의거의 영향이 크다 하겠다.

중국인의 한국인에 대한 반감이 풀어졌다

만보산사건을 계기로 중국인들의 한국인에 대한 감정은 극도로 악화되어 있었다.

"한국에 있는 중국인들이 조선인에게 수없이 맞아 죽었다. 한국인을 때려죽여라."

만주 각지에 산재한 무고한 동포들이 단지 한국인이라는 이유만으로 박해를 받아 만주의 토병들에게 학살되는 사건들이 일어났다. 한인사회는 공포의 도가니였다.

　만주 지역의 동포들은 이러한 날들이 지속되어 괴로운 나날을 보냈다. 그러던 중에 중국인들이 한국인에게 '꿍시꿍시(恭禧恭禧, 축하합니다)' 하면서 갑자기 태도가 바뀌었다. 윤봉길의 폭탄 한 발은 수억의 중국인에게 큰 감동을 주었다. 만주에 있는 수백만 한인의 생명과 재산을 보호해준 의탄이었다. 당시 만주에서 교사로 있던 이강훈은 다음과 같이 당시의 상황을 증언하고 있다.

　중국학교 교원 唐씨가 웃는 낯으로 일간 신문 한 장을 들고 와서 '축하합니다' 하였다. 요즈음 만보산사건 이후 그렇게도 냉담한 태도를 취하던 중국인 친구가 별안간 신문을 들고 와서 말하니 이게 웬일인가. 어리둥절하다가 그가 가지고 온 신문 1면에서 주먹 만한 활자로 박힌 '한국인 윤봉길, 폭살 왜장 시라카와 등'이라는 제목이 먼저 눈에 띄었다. 얼마나 놀랍고 통쾌한 순간이었던가. 1909년 10월 26일 하얼빈 역두에서 이토를 처단한 안중근 의사의 의거를 만인이 열광적으로 환호하던 모습이 연상되었다.

중국인에게 항일정신을 심어주는 데 큰 영향을 주었다

1931년 9월 18일 만주사변이후 상해에는 항일구국회를 조직, 연일 일제의 침략행위를 규탄하였다. 중국인들은 가옥의 담벼락에 일화日貨를 배척할 것과 죽음으로써 일본에 항전하자는 문구를 써놓았으며, 항일

포스터가 곳곳에 나붙었다. 반면에 상해 일본거류민단에서는 자위권 발동을 내세워 도리어 중국 정부에 항일단체 해산을 요구하였다.

중국의 수많은 신문과 잡지들이 윤봉길의거에 대하여 많은 보도를 냈다. 사실 보도는 물론, 논찬과 시평 등을 통하여 의거에 대한 감상과 평가를 실었다. 『상해일보』 1932년 5월 1일자에서는 중국인들이 윤봉길 의사가 일본 요인들을 처단한 것을 통쾌하게 여기고 있었음을 충분히 알 수 있다.

짐승과 같은 적군을 지휘하여 직접 중국 민중을 도살하고, 중국인의 가옥을 불살랐으며, 중국의 토지를 점령한 일본인들을 우리 상해 시민이라면 당연히 증오하지 않을 수 없다. 따라서 그들이 참혹한 꼴을 당하였다는 소식은 자연히 상해 시민을 기쁘게 하지 않을 수 없다. …… 우리 상해 시민들은 이번 사건으로 일본 요인들이 하나라도 죽지 않았으면 어쩌나 하는 생각을 갖고 있는 듯하다

또 다른 신문에서는 윤봉길의 의연한 의거에 큰 찬사를 보내고 있다.

이번에 일본제국주의의 요인들을 제거하기 위해 폭탄을 투척한 이는 망국민인 한국인이다. 세상 사람들을 놀라게 한 그의 장거는 누구의 청탁이나 애걸에 의한 것이 아니다. 동아의 평화를 파괴하는 인간 말종들을 깨끗이 청소하고 조선의 독립을 회복하기 위하여 의연히 일어선 것이다.

이어서 "윤봉길의 장거壯擧는 조선인과 중국인이 공동의 적을 향해 똑같은 적개심을 지니고 있음을 표시한 것이다"라면서 '우리가 마땅히 외교적 동맹군으로 끌어들여야 할 존재이다'라고 하여 한국과 외교적 동맹자 관계임을 표시하였다. 실제로 장개석 정부에서는 이후부터 임시정부를 동맹자로 인정하기 시작하였다. 또한 중국군 사관학교 안에 한인장교 특설반을 설치하게 하였다.

윤봉길을 '열사'라는 칭호를 처음 붙인 것 역시 중국 신문이다. 윤봉길이 1932년 12월 19일 가나자와에서 사형에 처해졌는데, 중국의 『대만보』 12월 19일자에서 '오호라! 윤봉길 열사의 죽음이여!'라 하여 그의 사형 소식을 전하고 있다.

중국의 참모본부 고급 참모인 임의강林毅强은 '윤봉길열사'의 죽음을 미리 슬퍼하며 다음과 같은 만시를 지었다.

어느 봄날 상해에 홀연 벽력이 치더니
그것은 망국의 한을 담은 폭탄소리였더라
보국의 정신으로 삼한의 자손된 도리를 다하니
향기로운 죽음이 천추에 기억되리라

『침과枕戈』란 잡지에는 은암隱庵이란 이가 쓴 '윤봉길에게 바침'이란 다음과 같은 글이 발표되었다.

비록 나라를 멸망시켰지만 큰 뜻을 품은 유민을 어찌하지 못해

진시황을 처단하려하였던 張良의 위용을 본 받았네

혁명은 뜨거운 피와 땀을 양분삼아

두려움 없는 정신으로 이루는 것

비록 보잘 것 없는 힘이지만 나라를 위함이 있어

장차 적을 멸하는데 큰 도움이 되리라

그대와 함께 공동의 적을 향한 복수심 키워

황포강변에 영용한 기운을 영원토록 남기리라

또한 중국의 『공군』지 제5기(1932)에서는 '중국의 윤봉길은 어디에?' 라는 제목의 글을 실어 '중국의 윤봉길'이 나오기를 호소하였다.

중국의 윤봉길들아! 너희는 도대체 어디에 있으냐? 나라가 처한 어려움 이 갈수록 커져 가는데, 언제까지 지켜보고만 있을 건가! 더 이상 관망하 지 말고 속히 들고 일어나 우리와 같은 전선에 서자! 단결하고 준비하여 무기를 손에 들고 적의 가슴을 향해 총구를 조준하자!

어느 중국인은 윤의사의 사진 옆에 '국기 아래의 윤봉길의사國旗下之尹 奉吉義士'라는 제목의 한시를 지어 4억 중국인이 부끄럽다면서 윤의사의 위업을 칭송했다.

국기아래의 윤봉길 의사   國旗下之尹奉吉義士

태극기 아래 바른 기운은 무지개처럼 빛나네 太極旗下正氣如虹

군자가 많아 3천만이네   多君三千萬衆

봄날 상하이 황포강변에서 거대한 폭탄으로

적을 섬멸하였네   春申江上巨彈殲敵

우리 4억 중국인을 부끄럽게 하는구나   愧吾四百兆民

한편 대만에서 의용대를 창설한 이우방李友邦은 윤봉길이 순국한 후 다음의 애도시를 보냈다.

폭발하는 불꽃 - 윤봉길 동지에게 바침

- 이우방

아! 봉길!

작년 오늘,

어느 협소한 정자에서

자네는 나의 손을 꼭 잡으며

혁명 사업을 위해 몸 바칠 것을 맹세하였지!

성난 맹수의 그것처럼 이글거리던 자네의 그 눈빛

그 속에는 끝을 알 수 없는 비분함이 아롱져 있었지

자네의 굳은 의지는

두려움 모르는 정신의 표시였지

자네는 떨리는 목소리로

"폭발하는 불꽃만이

우리 적들의 간담을 서늘하게 할 수 있고

폭발하는 불꽃만이 제국주의의 보루를 무너뜨릴 수
있다.
동지들이여! 동지들이여!
나는 너희의 도화선이 되리라"라고 맹서하였지

대만의용대 창설자 이우방

천장절 전날
자네는 의연히 당의 밀명을 받고
폭탄 두 개를 품에 간직한 채
악마들의 곁을 맴돌며
기회가 오기를 조용히 기다렸지
비록 목적을 완전히 이루지는 못하였지만
왜노들의 간담을 서늘하게 만들기에는 충분하였다네!
자네의 굳센 태도는 시종일관하여
적의 잔혹한 형벌에도 굴복하지 않았지
적의 혹독한 고문에도 자네는 결코 낙담하지 않았지!
아! 자네가 보여준 언행일치의 혁명정신!
나로 하여금 자네를 존경하지 않을 수 없게 만들었다네!
멀지 않은 미래에
왜노들은 면전에서 또 다시 폭발하는 불꽃을 보게 될걸세!
내 생명이 남아있는 그날까지
나는 결코 나에게 주어진 의무와 책임을 회피하지 않을 걸세.

중국 언론에서는 중국 정부가 9·18사변으로 만주를 빼앗겼음에도 국제연맹에 애걸하고 처분만 바라고 있다면서 중국의 외교정책을 '연목구어緣木求魚'라고 비판하였다. 중국인들은 중국에도 윤봉길과 같은 인물이 나타나기를 기대하였다. 이 때문에 윤봉길의사의 의거와 정신을 기리는 글들이 많이 발표되었다. 나아가 윤봉길의사에 대한 시나리오를 제작하여 연극과 사극史劇을 상연하기도 하였다.

대한의 혁명가 윤봉길의 거룩한 삶

옛 충절의 선비들이 의열인으로 하여금

반드시 땅 속 모든 혼령들을 모아 그를 천신이라 부르게 하리라

사람뿐 만아니라 비통해 하던 혼령들도 감탄하니

의로움을 조문하는 눈물이 이 찬 계절에 뜨겁도다

마침내 양친의 이름 드날리고 다섯 형제 함께 하니

매화는 모두 울고 난초도 봄이 오면 틀림없이 만발하리

......

꽃다운 영혼, 어둡지 않아 오르내림이 늠름하도다

높고 높은 수덕산, 아름다운 목계냇물

바람이 그 높고 긴 산과 냇물 영원토록 이름을 함께 하리라

추도문을 고하노니 슬픈 눈물이 애처롭구려

위 시는 윤봉길에게 한학을 가르쳤던 성주록이 해방 후 윤의사의 장례식에 나와 바친 추도문이다. 제자의 혼령 앞에 만감이 교차하는 스승 성주록은 지하의 모든 혼령들이 꽃다운 영혼 윤의사를 '천신'이라 부르게 하리라고 추모하였다.

윤봉길은 일제강점하 짧은 생애를 치열하게 살았다. 그는 고향인 덕산에서 농민의 무지를 계몽하여 독립의 기초를 만들려는 농촌운동을 전개하였으나 일제의 폭압통치하에서 민족의 자유가 농촌의 부흥보다 절대적으로 우선한다는 것을 절감하였다. 그는 광주학생운동이 전국으로 파급되었으나 철저히 유린되는 식민지국의 비참한 현실을 자각하였다.

그는 '장부출가생불환丈夫出家生不還'이란 유언을 남기고 부인 배씨에게 '물 좀 한 그릇 주오'라는 말로 가족과 이별하고 상해를 향해 집을 나섰다. 백범 김구를 만난 그는 '마음의 폭탄'을 가슴 속에 지니고 상해로 왔다면서, 이봉창의사와 같은 임무를 맡겨줄 것을 요청하였다. 윤의사는 한인애국단에 가입하고 왜적을 처단할 것을 맹서하였다. 마침내 윤의사는 1932년 4월 29일 상해 홍구공원에서 열린 일본군 전승기념식에서 시라카와 대장과 일본군 제9사단장 우에다를 비롯하여 상해점령의 승리를 외치던 침략의 원흉들에게 폭탄을 던져 응징했다.

윤봉길은 모진 고문을 받고 시라카와가 죽기 하루 전인 1932년 5월 25일 사형선고를 받았다. 윤봉길은 그 후 상해 헌병대에 구속되어 있다가 그 해 11월 고베를 거쳐 오사카 육군위수형무소로 이송되었다. 그리고 그로부터 한 달 후인 12월 19일 아침에 가나자와의 제9사단 영내인 작업장 한 기슭에서 총살형이 집행되어 순국하였다. 부대 내의 북풍이 부는 깊은 산속에서 외롭게 순국한 것이다. 아무리 애써 침착沈着하고 담력이 강한 듯 했지만, 추운 새벽 스산한 산속에서 얼마나 무서웠을까! 더욱이 일제는 윤의사의 무릎을 꿇게 한 채 사형을 시켰으니, 이는 시라카와의 사망이나 우에다의 중상 등에 대한 일본군의 보복적 만행이었다 해도 과언이 아니다.

윤봉길의 유해는 화장되지 않고 육군묘지 아래의 길 위에 암장되었다가 해방된 다음 해인 1946년 3월 6일 발굴되어 효창공원에 안장되었다. 유해가 암장되어 있던 가나자와의 암장지에는 박인조를 비롯한 재일동포들과 일본 시민단체의 노력으로 그가 순국한 지 60주년이 되는 1992년 암장지적비가 건립되어 그의 영혼을 위로하고 숭고한 뜻을 기리는 교육의 장이 되고 있다.

그러나 안타까운 것은 그가 순국한 지 이미 80주년이 지났건만 아직껏 순국의 현장을 찾아 그의 원한을 풀어준 이가 없는 것 같다. 그가 총살형을 당한 순국지는 일본 육상자위대의 영내에 있어 일반인의 출입이 통제되어 정확한 위치조차 확인이 안되고 있다. 다행히 일본군의 사형전말보고서에 순국지의 약도가 들어 있고, 1932년 작성된 가나자와의 지형도가 입수되어 순국지의 확인은 가능하게 되었다. 그러나 일본은 순국지를 찾아가려는 우리의 요구를 번번히 묵살하고 순국지에 한국인의 출입을 금지시키고 있다. 윤의사의 순국지에 추모비를 건립하는 일은 일본의 과거사에 대한 인식 수준과 동시에 한일 간의 민족적 화해의 바로메타가 될 수 있음을 일본은 직시해야 한다. 윤의사의 순국지에 추모비를 건립하여 맺힌 한을 풀어드리는 일은 우리의 몫으로 남아 있다.

오늘날 동북아시아는 겉으로는 평화를 지향하고 평화 공존을 위한 외교적 노력을 기울이고 있는 듯하다. 그러나 일본의 지나친 영토욕은 이른바 세계화의 물결 속에서 패권주의적 경향마저 더해져 동북아시아는 어느 때보다 긴장감이 맴돌고 있다. 일본은 겉으로 내세운 동양평화를 행동으로 보여주는 전향적인 자세가 요구된다.

60년에 걸친 독립운동의 역사에서 상해의거 만큼 큰 성과를 거둔 독립운동을 찾기가 쉽지 않다. 우선 상해파견군사령관 시라카와를 비롯한 수뇌부에게 철퇴를 가하는 큰 전과를 수립한 점에서 의미가 크다. 전승식장에 도열한 일본 수뇌들이 폭살됨으로 일제는 상해의거로 인해 만주사변 이후 상해사변까지의 승리가 무색하게 되고 국제적 위신까지 꺾이게 되었다. 장개석 총통이 말한 대로 중국군 대군이 해내지 못한 일을 윤봉길 혼자 해냈으니 엄청난 전과를 수립한 것이다. 윤봉길의 상해의거는 미국, 하와이, 멕시코, 쿠바 등에 사는 한인들의 임시정부에 대한 납세와 후원이 이어지는 계기가 되었다. 또한 만보산 사건으로 악화된 중국인의 반한 감정을 눈 녹듯이 풀어지게 하였으며, 장개석 정부의 대한민국임시정부에 대한 아낌없는 지원이 이루어지는 계기가 되었다. 이후 한중 양국이 우호와 협력의 길을 쌓아 온 것 역시 상해의거의 영향이 크다 하겠다.

윤봉길이 농촌계몽운동을 포기하고 망명의 길을 택하였으며, 결국 혁명운동가가 된 것은 그의 선택인 동시에 김구의 임시정부를 비롯한 독립운동가들의 결정이었다. 윤봉길의 상해의거는 당시 군사력이 없던 상황에서 자주독립을 위한 최선의 방법이었다 할 것이다.

윤봉길은 자신의 길에 대해 조금도 의심이 없었다. 자신의 행위가 정의를 밝히는 길이며, 민족의 지상명령이라고 받아들였다. 그는 집을 떠날 때 이미 살아서 돌아가지 않겠다고 각오하였다. 그리고 죽음으로써 망명한 뜻을 실천하였다. 윤의사의 고귀한 피는 역사가 존재하는 한 영원히 찬양될 것이다.

우리는 정의의 역사를 길이 계승해야 할 것이다.

윤봉길의 삶과 자취

1908~1925	1908년 6월, 충남 예산군 덕산면 시량리에서 부친 윤황과 경주김씨 사이의 장남으로 출생 본관은 파평, 본명은 우의, 호는 매헌
1913	백부한테 한문수학
1918	덕산공립보통학교 입학
1919	3·1운동 목격 후에 자진 퇴학. 한학 수학(최은구 서당)
1921	매곡 성주록의 문하에 들어감(오치서숙)
1922	성주배씨 용순과 혼인
1923	일어 독학
1925	오치서숙 수료. 성주록이 매헌이란 호를 주고 홍성의 유교 부식회에 추천. 김복한의 문인인 전용욱의 지도 받음. 사랑 방에 서당 차림
1926	3칸의 야학당 세우고 야학 개설
1927	야학교재인『농민독본』저술
1927. 9. 11	장남 종 출생
1928	조부 사망
1929. 3. 28	'토끼와 여우'라는 학예회 개최, 일경에 체포됨. 농촌운동의 한계 절감
4	월진회 조직, 농가부업장려, 유실수 재배 학술토론회 실시. '고담과 신사조' 강연

8   딸 안순 사망

11   광주학생운동

12. 5   일기: "광주고보 민족충돌사건의 소식을 듣고 끓는 피를 감
            출 수 없다"

1930. 3. 6 "장부출가생불환"이란 유시를 남기고 망명

      3. 8 망명 도중에 선천에서 체포되어 옥고를 치름

      4   청도 도착. 일본인 세탁소 취직

      9. 5 차남 담 출생

1931. 4.   상해로 옮김

            프랑스 조계 안공근 집의 3층에 거주

            중국종품공사의 말총모자 직공으로 근무. 친목회 조직

            홍구 소채장에 개점하여 야채 장사

      7   장춘에서 만보산사건

1932. 1. 8 이봉창의거

      1. 28 상해사변 일어남

      3   김홍일이 제조한 수류탄 투척훈련

      4. 26 한인애국단 입단서약식

      4. 27 홍구공원 답사. 자필이력서와 유서 작성

      4. 29 11시 50분경, 상해의거 성공

            상해군사령관 시라카와와 상해거류민단장 가와바타 폭사

	시게미쓰 주중공사 등 다수 중상
5. 25	상해일본군법회의에서 '살인, 살인미수, 상해, 폭발물취체 벌칙위반죄'로 사형선고
11. 18	오사카 위수사령부 형무소로 이감
12. 18	오전 6시 25분, 오사카 역 출발(오사카헌병대 사복헌병 4명이 압송)
	오후 4시 35분, 모리모토역 도착
	오후 5시 5분, 가나자와 위수구금소 도착
12. 19	오전 6시 30분, 위수구금소 출발
	7시 15분, 형장 도착(이시카와현 이시카와군 미쓰고지의 가나 자와 육군작업장)
	7시 40분, 순국
	10시 30분, 가나자와시 노다산 공동묘지 서쪽에 암장
1946. 3. 2	'임시정부유해발굴단' 가나자와 도착
3. 6	유해발굴
1946. 3. 8	도쿄 우에노역 도착, 간다의 신조선건설동맹 사무실에 안치
1946. 5. 15	이봉창 백정기의사 유해와 부산에 환국
1946. 6. 15	부산공설운동사에서 추도회 거행
1946. 6. 16	서울 태고사(현, 조계사)에 안치
1946. 7. 6	효창원 의사묘역에 안장(국민장)
1962	건국훈장 대한민국장 추서

1968. 4. 29	덕산에 충의사 건립
1988	서울 양재동에 매헌기념관 건립
1992. 8	가나자와시에 윤봉길의사순국기념비 건립
12. 19	가나자와시에 '윤봉길의사암장지적' 비석 건립
1994. 4. 29	상해의 노신공원 안에 '매정'(2009년 매헌으로 개명) 건립
2012. 6	『매헌윤봉길전집』(전9권) 출판

참고문헌

- 국회도서관 편, 『한국민족운동사료(중국편)』.
- 독립운동사편찬위원회, 『독립운동사』4-10권.
- 『公文備考』(S7-43-4290). 기밀제810호, 「홍구공원폭탄사건 범인 윤봉길에 대한 판결서 사본 송부의 건」(소화 7년 7월 8일).
- 『만주사변 상해사건, 상해에서 천장절 식중 폭탄흉변사건』(일본 외교사료관 문서번호: A1.1.0. 21-18-8), 1932. 9.
- 原秀男(외) 편, 『檢察記錄 二二六事件2, 勾坂資料6』, 角川書店, 1989.
- 櫻井忠温(監修解說), 「白川義則」, 『類聚伝記大日本史』第14卷 陸軍篇, 雄山閣, 昭和 56(1981년).
- 내무성 보안과, 『上海に於ける尹奉吉爆彈事件顚末』, 1932. 7.
- 일본 육군성, 소화8년 『滿密大日記』(S8-12, 23, 일본 방위성연구소 도서실 소장).
- 「윤봉길 사형집행전말 보고」, 「윤봉길에 관한 소송기록 返戾의 건」, 헌고비밀 제1802호 「상해폭탄범사형수윤봉길 사형집행 및 헌병의 경계에 관한 건」(소화7년 12월 26일).
- 『大阪朝日新聞』, 『東京朝日新聞』, 『北國新聞』, 『北陸每日新聞』, 『大晩報』 『大阪朝日新聞』, 『新愛知』, 『都新聞』, 『時事新聞』, 『報知新聞』, 『福岡日日新聞』, 『東京日日新聞』, 『北國新聞』, 『時報』, 『大公報』
- 『THE SHANGHAI TIMES』
- 『NORTH CHINA DAILY NEWS』
- 『THE CHINA WEEKLY REVIEW』
- 백범김구전집편찬위원회, 『백범김구전집』(전13권), 대한매일신보사, 1999.

- 도산안창호전집편찬위원회, 『도산안창호전집』(전14권), 도산안창호선생기념사업회, 2000.
- 매헌윤봉길전집편찬위원회, 『매헌윤봉길전집』(전9권), 매헌윤봉길의사기념사업회, 2012. 6.
- 김광, 『윤봉길전』, 상해법계 韓光社, 1933. 7. 20.
- 김구, 『백범일지』(도진순 주해), 돌베개, 1997.
- 김홍일, 『대륙의 분노』, 문조사, 1972.
- 윤남의, 『윤봉길 일대기』, 정음문고 76 정음사, 1975.
- 임중빈, 『천추의열 윤봉길』, 인물연구소, 1975.
- 이민수, 『윤봉길전』, 서문문고 205 서문사, 1976.
- 김학준, 『매헌윤봉길평전』, 민음사, 1992.
- 이강훈, 『민족해방운동과 나』, 제3기획, 1994.
- 널뛰기통신편집회의, 『윤봉길과 천장절사건 시말』, 지문압날문제를 함께 상각하는 가나자와시민의 모임, 1992.
- 겨레통신편집위원회, 『윤봉길의사암장지적』, 윤봉길의사암장지적보존회, 1996.
- 山口隆, 『尹奉吉－暗葬の地・金澤から－』, 社會評論社, 1994.
- 山口隆, 『上海抗日闘爭と韓國獨立運動－4月29日の尹奉吉－』, 社會評論社 1998.
- 이정식 대담, 『화암 정현섭, 혁명가들의 항일회상』, 민음사, 1988.
- 하련생 지음, 김승일 역, 『천국의 새』상, 하, 범우사, 2002.
- 이상재 윤규상, 『인간윤봉길연구』, 월진회, 2004.
- 임중빈, 『윤봉길의사일대기』, 범우사, 2004.
- 진영미 김승일, 『윤봉길과 지인의 시』, 역사공간, 2004.
- 김학철문학연구회, 『조선의용군 최후의 분대장 김학철』 2, 연변인민출판사, 2005.
- 윤병석, 『민족의 영웅 윤봉길의사』, 매헌윤봉길의사기념사업회, 2007.

- 허성호, 『B.K.Story』, 한국방송출판, 2008.
- 윤주, 『나의 백부 매헌 윤봉길』, 월진회, 2009.
- 송건호, 「윤봉길의 민족사상」, 『나라사랑』제25집, 외솔회, 1976.
- 박용옥, 「윤봉길의 농촌 운동」, 위책.
- 이민수, 「매헌 윤봉길의 생애」, 위책.
- 이현희, 「한국인애국단의 작탄의거; 윤봉길의사의 4·29투탄사례」, 『사총』 31, 1987.
- 호춘혜, 「윤봉길 의거가 한국독립운동 및 중국사회에 미친 영향」, 『한국독립 운동과 윤봉길 의사』, 매헌윤봉길의사기념사업회, 1992.
- 신용하, 「윤봉길의 상해의거와 그 의의」, 위책.
- 윤병석, 「1932年 '상해의거' 전후의 국제정세와 독립운동의 동향」, 위책.
- 이강훈, 「윤봉길 의열의 논찬과 민족정신」, 위책.
- 신용하, 「윤봉길의 농민운동과 민족독립운동, 『한국학보』81, 일지사, 1995.
- 김광재, 「윤봉길의 상해의거와 '중국측 역할'」, 『한국민족운동사연구』33, 2002.
- 김형목, 「윤봉길의 현실인식과 청년운동사상 위치」, 『한국민족운동사연구』33, 2002.
- 김상기, 「한말 일제하 홍성지역 유림의 형성과 항일민족운동」, 『한국근현대사 연구』31, 2004.
- 진영미, 「윤봉길 시문집 재고」, 『한문교육연구』23, 한국한문교육학회, 2004.
- 양성숙, 「윤봉길의 사상과 한국민족주의」, 『민족사상』2(1), 2008.
- 김상기, 「윤봉길의 상해의거에 대한 일본 언론의 보도」, 『한국독립운동사연 구』32, 2009.
- 한시준, 「윤봉길의사의 홍구공원의거에 대한 중국신문의 보도」, 『한국독립운 동사연구』32, 2009.
- 박용옥, 「윤봉길의사의 농촌운동」, 『한국인물사연구』12, 2009.
- 신용하, 「윤봉길의사의 상해의거와 그 역사적 의의」, 『윤봉길의사와 한국독립

운동』, 매헌연구원, 2010.

• 조범래, 「한인애국단과 윤봉길의사」, 『윤봉길의사와 한국독립운동』, 매헌연구원, 2010.

• 한시준, 「도산 안창호의 피체와 석방운동」, 『역사학보』210, 2011.

• 김광재, 「일제시기 상해 고려인삼 상인들의 활동」, 『한국독립운동사연구』40, 2011.

• 정진석, 「상해의거 외국 언론 보도와 현장 사진」, 『매헌학보』2, 매헌윤봉길의사기념사업회, 2011.

• 김진호, 「예산지역의 3·1운동 전개와 의의」, 『예산지역 독립운동의 재조명』, 충남대 충청문화연구소, 2011.

• 김상기, 「윤봉길의 가나자와에서의 순국과 순국지」, 『한국독립운동사연구』41, 2012.

찾아보기

ㄱ

가나자와 147
가와바타 사다쓰구 116
『개벽』 21
경허 24
계춘방 95
고모토 다케히코 120
공동묘지묘표사건 28
광현관 18
광주학생운동 51, 52, 60
광현당 15
『국조명신록』 23
국채보상운동 14
권동진 178
『기사년일기』 41
김광 31, 32, 45
김구 80, 88, 91, 95~97, 100, 106, 176, 178, 185, 189, 196
김규식 178, 179
김남조 189
김덕근 131
김복한 15, 56, 60, 61
김석수 185
김성권 174
김원봉 111

김은동 60
김정주 184
김좌진 56, 68
김창숙 178
김청광 185
김충현 189
김태식 70
김학철 200
김해산 107, 108
김홍일 93, 94, 107, 111, 127, 136
김훈 174

ㄴ

나운영 189
남화한인청년연맹 139, 180, 196
노무라 요시사부로 114
『농민독본』 35, 37, 39

ㄷ

田村光彰 194
다시로 113
당취오 201
대한민국임시정부 61, 79, 166
덕산초등학교 16

덕천가강   50
도중도   12
동우회사건   132

ㄹ

러취   178

ㅁ

만공   12, 24
만보산사건   81, 82, 88
만주사변   83, 88
매헌기념관   192
『명심보감』   33
『명현록』   23
모순   74, 104
목계농민회   40
민족유일당운동   87
민족혁명당   111

ㅂ

박기옥   51
박동조   182, 193
박상조   185
박열   180, 184
박인조   158, 193, 194
박준채   51
박현택   194
박희남   44
배씨부인   76, 171
배용순   19, 27, 172, 192

백정기   139, 140, 179, 180, 181, 183, 185, 200
부흥원   41

ㅅ

사해다관   95
상해사변   92, 94, 119
서상한   180, 181, 185
선천경찰서   69
성주록   18, 27, 60, 61, 210
성진회   51
세계일화   25
수내제도   40
수암체육회   46, 58
시게미쓰 마모루   116
시라카와   113, 119, 138, 139, 154
시라카와 요시노리   92, 114, 116, 143
시량리가   33
신조선건설동맹   180
신채호   139

ㅇ

아스타피에프   132
안공근   91, 133
안명기   80
안재홍   176, 178
안중근   14
안창호   87, 130, 132, 133
애국정신선양회   64
야마모토료도   182
양기탁   14

엄항섭 133
염상섭 147
예산학생동맹 44
오강표 15
오사카 위수구금소 147
오사카 육군위수형무소 145
오사카 육군위수구금소 149
오치서숙 18, 27, 28
왕백수 94, 107
요녕민중자위군 201
우에다 154
우에다 겐키치 114
원심창 140
월진회 43, 45, 46, 58, 66
위친계 41
유교부식회 60, 61
유자명 139
유조호사건 83
유호일 184
육삼정 의거 199
윤관 12
윤남의 156, 191
윤담 172
윤봉길선생유골봉환위원회 179
윤봉길암장지적 193
『윤봉길전』 31
윤은의 67
윤종 171, 175, 178, 191
윤진영 13
윤황 12, 170
이강훈 140, 180, 184, 189, 199
이돈화 21, 35
이동녕 131, 133

이만영 130
이봉창 89, 91, 111, 179, 181, 183, 185, 200
이상화 21, 62
이성환 35, 37
이순신 50
이승만 178
이시영 133
이우방 206
이유필 80, 87, 129, 130
이육사 62
이을규 139
이정규 139
이향시 62
이화림 99, 110
이회영 139
『인도』 60
인한수 16
『일어속성독본』 23
임의강 204

ㅈ

장개석 166, 191, 197, 198
장문환 16
장부출가생불환 56, 57
장현근 131
저보성 135
저한당 15
전용욱 61
정인보 189
정정화 133
정종호 44

정주여관　69

정현섭　139

정화암　96, 196

제9사단 위수구금소　147

조선의용대　111

조선혁명군　201

조소앙　178

조완구　189

종품공사　83

주정균　183

ㅊ

채정해　140

최승구　16

최은구　18

최익현　14

출운호 폭파계획　93

ㅋ

카이로 회담　198

ㅌ

태항산 전투　111

토끼와 여우　42

ㅍ

편의대　139

풍신수길　50

피치　132, 133

ㅎ

학행　20

한국광복군　31

한인애국단　89, 98, 135

한일진　70, 72, 173

허위　14

현신성　174

홍구공원의 진상　134

홍범식　15

홍성주　185

홍언　174

홍진　178

황종진　68

효창원　187

흑색공포단　180

흥사단　132

자유의 불꽃을 목숨으로 피운 윤봉길

1판 1쇄 발행 2013년 11월 20일
1판 2쇄 발행 2018년 11월 5일

글쓴이   김상기
기   획   독립기념관 한국독립운동사연구소
펴낸곳   역사공간
          주소: 03996 서울시 마포구 월드컵로100 4층
          전화: 02-725-8806
          팩스: 02-725-8801
          E-mail: jhs8807@hanmail.net
          등록: 2003년 7월 22일 제6-510호

ISBN 979-11-5707-079-4 03900

• 잘못된 책은 바꿔 드립니다.
• 이 도서의 국립중앙도서관 출판예정도서목록(CIP)은 서지정보유통지원시스템 홈페이지
  (http://seoji.nl.go.kr)와 국가자료공동목록시스템(http://www.nl.go.kr/kolisnet)에서
  이용하실 수 있습니다.(CIP제어번호: CIP2018035569)

역사공간이 펴내는 '한국의 독립운동가들'

독립기념관은 독립운동사 대중화를 위해 향후 10년간 100명의 독립운동가를 선정하여,
그들의 삶과 자취를 조명하는 열전을 기획하고 있다.

001 근대화의 선각자 - 최광옥의 삶과 위대한 유산
002 대한제국군에서 한국광복군까지 - 황학수의 독립운동
003 대륙에 남긴 꿈 - 김원봉의 항일역정과 삶
004 중도의 길을 걸은 신민족주의자 - 안재홍의 생각과 삶
005 서간도 독립군의 개척자 - 이상룡의 독립정신
006 고종 황제의 마지막 특사 - 이준의 구국운동
007 민중과 함께 한 조선의 간디 - 조만식의 민족운동
008 봉오동·청산리 전투의 영웅 - 홍범도의 독립전쟁
009 유림 의병의 선도자 - 유인석
010 시베리아 한인민족운동의 대부 - 최재형
011 기독교 민족운동의 영원한 지도자 - 이승훈
012 자유를 위해 투쟁한 아나키스트 - 이회영
013 간도 민족독립운동의 지도자 - 김약연
014 대한민국 임시정부의 민족혁명가 - 윤기섭
015 서북을 호령한 여성독립운동가 - 조신성
016 독립운동 자금의 젖줄 - 안희제
017 3·1운동의 얼 - 유관순
018 대한민국임시정부의 안살림꾼 - 정정화
019 노구를 민족제단에 바친 의열투쟁가 - 강우규
020 미 대륙의 항일무장투쟁론자 - 박용만
021 영원한 대한민국임시정부의 요인 - 김철
022 혁신유림계의 독립운동을 주도한 선각자 - 김창숙
023 시대를 앞서간 민족혁명의 선각자 - 신규식
024 대한민국을 세운 독립운동가 - 이승만
025 한국광복군 총사령 - 지청천

026 독립협회를 창설한 개화·개혁의 선구자 - 서재필
027 만주 항일무장투쟁의 신화 - 김좌진
028 일왕을 겨눈 독립투사 - 이봉창
029 만주지역 통합운동의 주역 - 김동삼
030 소년운동을 민족운동으로 승화시킨 - 방정환
031 의열투쟁의 선구자 - 전명운
032 대종교와 대한민국임시정부 - 조완구
033 재미한인 독립운동의 표상 - 김호
034 천도교에서 민족지도자의 길을 간 - 손병희
035 계몽운동에서 무장투쟁까지의 선도자 - 양기탁
036 무궁화 사랑으로 삼천리를 수놓은 - 남궁억
037 대한 선비의 표상 - 최익현
038 희고 흰 저 천 길 물 속에 - 김도현
039 불멸의 민족혼 되살려 낸 역사가 - 박은식
040 독립과 민족해방의 철학사상가 - 김중건
041 실천적인 민족주의 역사가 - 장도빈
042 잊혀진 미주 한인사회의 대들보 - 이대위
043 독립군을 기르고 광복군을 조직한 군사전문가 - 조성환
044 우리말·우리역사 보급의 거목 - 이윤재
045 의열단·민족혁명당·조선의용대의 영혼 - 윤세주
046 한국의 독립운동을 도운 영국 언론인 - 배설
047 자유의 불꽃을 목숨으로 피운 - 윤봉길